Guiding people with mentalization to overcome traumatic upbringing

Treatment and support for development of reflective mind and sense of boundary

by

Hyungin Choi M.D., Ph.D

Copyright © 2016 by Seiwa Shoten Publishers, Tokyo

メンタライゼーションでガイドする外傷的育ちの克
―〈心を見わたす心〉と〈自他境界の感覚〉をはぐくむアプロー

崔　炯仁

星和書店

推薦の言葉

　本書は，長年の私の同僚である崔炯仁先生が思春期・青年期の精神科臨床において，境界性パーソナリティ障害や外傷的に作用する養育環境の中でさまざまな苦しみを抱えた患者さんたちとの骨の折れる治療に真摯に取り組んでこられた臨床実践，および母親の育児ストレスに関する臨床研究の成果をもとに書かれてあります。そして，機能不全家族に育った成人に関する理論，メンタライゼーションに基づいた治療（MBT）や自己心理学といった精神分析的精神療法などのさまざまな観点を取り入れた独自の切り口によって，幼児期以降の外傷的育ちの中で生み出される種々の心理・行動特徴や症状を幅広く解説しています。さらに治療や支援の方法が具体的に書かれてあり，「分離」というキーワードを軸に，外傷的育ちに苦しむ人がリカバーしていく過程が描出されています。

　私と崔先生との関わりは，彼が大学病院の精神医学教室に入局されて，直接の指導医となったときからです。崔先生は，新人の頃より快活さの中に非常に高い感受性を持つ優秀な精神科医であり，彼を指導しながら，常に相通じるものがありました。大学病院での研修医としての研修は1年間で，その後数年間いくつかの関係病院で臨床実践を重ねておられましたが，その時々にお会いするたびに成長が感じられました。

　大学病院に戻られ，私たちの思春期青年期のグループに所属し，臨床・研究・教育に活躍されました。特にパーソナリティ障害や摂食障害の困難例に粘り強く取り組み，患者さんが良くなっていく過程を治療スタッフに示していました。

本書に書かれている外傷的な育ちを持つ患者さんたちとの治療経験の多くは，その時々で治療経過について聞かせてもらいました。外傷的な養育環境の中で身につけた対人関係や認知のパターンに対して，テキストを用いた心理教育によって徐々に患者さんたちに向かい合ってもらい，それらが変容していくのを治療関係の中で支持していくために，精神分析的な観点からどのように理解するかを一緒に検討しました。また，彼が中心となり，メンタライゼーションの発達の起点に当たる乳幼児期の子どもを持つお母さんの心理に関する実証研究を行いましたが，本書で紹介されているその内容を読むことで，メンタライジングの発達やその時期の課題が双方向的・俯瞰的に理解できるのではないかと思います。

　私たちの臨床研究グループでは，長年，精神分析的な観点は共通基盤であり続けていますが，MBTに関心を持っていた彼がロンドンに留学する際に，MBTの研修を受け，MBTの実際を見学してくることを勧めました。MBTは，境界性パーソナリティ障害に効果が実証されている精神力動的精神療法ですが，理論的に難解なところがあったり，治療の実際がわかりにくかったりするため，日本では期待されたほど広がっていないように思います。本書は，境界性パーソナリティ障害の患者さんへのMBTのアプローチを非常にわかりやすく解説しており，研修や見学に行った際のBateman先生との質疑と応答が要所に盛り込まれています。

　本書はしっかりと理解できるよう丁寧に書かれており，印象に残るような比喩やイラストの使用などさまざまな工夫が凝らしてあります。また，情緒に訴えかけるような記述がされており，心の支援に携わる方であれば，外傷的育ちを持つ登場人物に共感されるのではないかと思います。これは，著者が優れた臨床家であると同時に優れた教育・指導者であり，これまで，臨床の場で後輩の医師やコメディカル・スタッフにどのように理解を深めてもらうか苦心された成果と考えます。

本書が，臨床場面でも苦心することが多い，境界性パーソナリティ障害や外傷的な育ちに関連したさまざまな困難を抱える患者さんたちの治療・支援を行う専門職の方々に役立つ内容であると確信しています。先輩精神科医から若い医師や臨床心理士に，まず読んでおくようにと勧めていただきたい一冊であると思います。

　　　　　　　　　　　　平成28年7月
　　　　　　　　　　　　　京都府立こども発達支援センター
　　　　　　　　　　　　　山下達久

目 次

推薦の言葉 ……………………………………………………………… iii

第Ⅰ部　外傷的育ちの理解　〜外傷的育ちのトライアングル〜

第1章　はじめに　〜外傷的育ちとは〜 …………………………… 3

第2章　外傷的育ちによる困難を表す3つの概念と，
　　　　重なり ……………………………………………………… 13
2.1　境界性パーソナリティ障害（BPD）　13
2.2　複雑性PTSD　15
2.3　アダルトチルドレン（AC）　18
2.4　外傷的育ちのトライアングル　19

第3章　メンタライゼーションとは ………………………………… 23
3.1　健康なメンタライズ能力の発達　27
3.2　メンタライジング発達段階「心的現実のモード」　34
　　（1）心的等価モード psychic equivalence　35
　　（2）ごっこモード pretend mode　36
　　（3）目的論的モード teleological mode　38

第4章 見捨てられ恐怖症
（外傷的育ちのトライアングル1） …… 45
4.1 見捨てられ恐怖症が形成される神経生理学的メカニズム　45
4.2 ピンチではメンタライズ力が落ちる　47
4.3 不安定な愛着ニーズの高まり　51

第5章 感情調整障害
（外傷的育ちのトライアングル2） …… 55
5.1 外傷的育ちの中ではメンタライズ力が育たない　55
5.2 自己攻撃状態 self-harm state　57
5.3 被害者状態 victimized state（投影同一視1）　58
5.4 暴力状態 violent state（投影同一視2）　61
5.5 どこにでもある投影同一視　64

第6章 自己承認の病理
（外傷的育ちのトライアングル3） …… 67
6.1 ミラーリングと分離・対象恒常性の獲得　67
6.2 ミラーリング機能を与えられない影響（まとめ）　70
6.3 ミラーリング機能を与える側でいる影響　72

第 7 章　外傷的育ちのトライアングルを抱えて生き延びる
　　　　〜非常手段のはずが嗜癖になっていく〜 ……………… 83
　7.1　外傷的育ちを生き延びる 4 つの適応タイプ　84
　　　AC の機能不全家庭での適応タイプ　84
　　　　　①英雄・責任を持つ子ども　84/ ②順応者・忘れられた子ども　84/ ③調整
　　　　　役・道化役　87/ ④身代わり・暴走する子ども　88
　7.2　解離と強迫　89
　　　（1）解離　90
　　　（2）強迫　93
　7.3　非常手段が嗜癖になっていく　94
　　　（1）アルコール依存　96
　　　（2）食べ吐き（神経性過食症）　96
　　　（3）拒食（制限型拒食症）　98
　　　（4）その他　100
　7.4　外傷的育ち・BPD と自閉症スペクトラム障害（ASD）の
　　　鑑別　101
　7.5　100% 幻想と見捨てられ不安が生み出す対人行動　102
　　　（1）試し行動　104
　　　（2）遠ざかり 〜遠ざかり BPD とは〜　107

第Ⅱ部　外傷的育ちの治療と支援

第8章　分離をガイドする ……………………………………………… 113
- 8.1　マユミの物語　113
- 8.2　キヨシ・あかりの物語　123
  - (1) キヨシの物語　124
  - (2) あかりの物語　125
- 8.3　見せかけの分離と空虚うつ　127
  - (1) マユミの見せかけの分離と空虚うつ　127
  - (2) 見せかけの分離と空虚うつとは　129
  - (3) 見せかけの分離とその周辺　131
- 8.4　分離うつと分離　132
  - (1) マユミ・キヨシ・あかりの分離うつ　132
  - (2) 分離うつとは　135
- 8.5　外傷性育ちから分離への道　138
  - (1) 外傷的育ちを抱えて生きる人の心理・防衛構造　138
  - (2) 外傷的育ちの防衛構造からの脱出・分離への道筋　140
  - (3) 空虚うつ，分離うつを乗り越えて分離へ　142
- 8.6　分離の道をガイドする治療者・支援者　143

第9章　メンタライゼーションに基づく治療（MBT）の
　　　　すすめかた ……………………………………………………… 147
- 9.1　メンタライゼーションに基づく治療（MBT）の特徴　147

9.2　MBT 治療者のスタンス　150
　　(1) Not Knowing, 知ろう・尋ねよう・理解しよう　150
　　(2) 治療者自身の柔軟なメンタライジング姿勢　151
9.3　MBT 導入前の治療準備ステップ　診断シートの共有と
　　　動機づけ　151
9.4　治療の技法　5 ステップの介入　156
　　【ステップ1】　共感・支持・動機づけ　157
　　【ステップ2】　明確化・描写・チャレンジ　159
　　【ステップ3】　基本的メンタライジング　163
　　【ステップ4】　解釈的メンタライジング　167
　　【ステップ5】　転移のメンタライジング　175
9.5　MBT を行う上でのいくつかの補足　184
　　(1) 緊張が高まったときは浅い介入ステップに戻る　184
　　(2) メンタライジングのほころびをしっかりと分析する　185
　　(3) 治療を客観視できる機会を持つ　185
　　(4) 自閉症スペクトラム障害（広汎性発達障害）に MBT は使える
　　　　か？　188
　　(5) MBT で得られるもの　190

第10章　外傷的育ちを持つ人をチームで治療・支援する
　　　　　7つのコツ　193
10.1　「境界の感覚をつかみやすいようにする」ためのコツ　194

第1のコツ：診察・相談の時刻・時間・場所をガッチリと
　　　一定させる　196
　　第2のコツ：『苦痛除去の肩代わりよりも不安を抱える力を育てる
　　　ことの方が大切』という理解を初期のうちに共有　196
　　第3のコツ：支援者は簡単に安心しない　197
　10.2　トラウマを再生産しないためのコツ　198
　　第4のコツ：愛のある限界設定〜できることは必ずやる・できない
　　　ことはできない〜　198
　　第5のコツ：ピンチの時は行動を変えない　200
　10.3　チームで支援するためのコツ　201
　　第6のコツ：支援者のネガティブな感情こそ，チームで共有すべき
　　　大切な情報　202
　　第7のコツ：チームの中で秘密は絶対作らない　203

　　　　第Ⅲ部　さまざまな現場で外傷的育ちを生きる人を支援する

第11章　外傷的育ちを持つお母さんを支援する　207
　11.1　赤ちゃん部屋のおばけ現象　207
　11.2　育児期女性のうつの増悪・改善に関係する因子に関する
　　　調査研究　210
　11.3　調査結果からわかることと，支援の方向性　215

(1) 多くの産後うつは自然に改善する　215
　(2) 外傷的育ちを持つ母親の分離うつ　215
　(3) 母親の分離うつに対する支援　216

第12章　教育や支援の現場にメンタライジングを　219
　12.1　メンタライジングを使った心の教育　219
　12.2　家族の援助　224
　12.3　ガイド役自身にメンタライジングを　227

手紙（マユミ） ……………………………………… 231
あとがき ……………………………………………… 237
参考文献 ……………………………………………… 240
著者について ………………………………………… 246

　　　　　　　　　　　　　　　　イラスト：みたみん

第Ⅰ部

外傷的育ちの理解
～外傷的育ちのトライアングル～

第1章
はじめに
～外傷的育ちとは～

　ミワが両親と暮らしている時のことで憶えているのは，両親が激しい喧嘩をしている場面だけです。彼女が4歳の時両親は離婚しました。彼女と1歳下の妹ミカは，母に連れられて3人で暮らし始めました。彼女が6歳になった頃，母と妹と一緒にいつものように公園で遊んでいる時のことでした。父方の祖父母が現れ，黙って彼女と妹を抱き上げ，泣き叫ぶ2人を車に乗せて連れ去りました。その間，母は泣きながら見ているだけでした。それから父と，父方祖父母との暮らしが始まりました。父はほとんど家に帰ってきませんでしたが，祖父母は優しくしてくれたそうです。

　小学生に上がってしばらくしてから，新しい男性と結婚して遠方に引っ越した母が会いに来てくれました。ミワは夢のような気持ちでした。妹は見たことないくらいはしゃいでいました。3日間一緒に遊んで，一緒に寝て，母が帰る日が来ました。特急列車を待つホームで，妹は母にしがみついて泣き叫びました。「行かんといて，ミカも連れて行って」と。ミワも涙が溢れそうでしたが必死でこらえ，妹を母から引き離し，笑顔を作って母を見送りました。泣かなかった理由を彼女は，「泣いてお母さんを困らせたらもうお母さんは来てくれなくなるかもしれないから」とのちに話してくれました。

それから何年か，母は1年に1回ミワたちに会いに来てくれました。やはり3日間過ごして帰っていく母を，次の年から彼女たちは泣いたり駄々をこねたりせずに，笑顔を作って見送るようになりました。おそらく同じころ，彼女は祖父母の口ぶりから，あの「連れ去り事件」は母も承知の上でのことであったことを察したといいます。彼女は「大人びた子」として成長していきました。中学生のころからいろいろな悩みを内に抱えるようになりました。父は娘に甘えるように接する一方，機嫌を損ねると彼女たちを殴りました。16歳のころ彼女は学校のことで行き詰まり，父の暴力が続く家を飛び出し，高校を飛び出し，遠方で暮らす母に会いに行きました。母が「いつでも来てね」と言ってくれていたことをずっと頼りにしていたのです。母の家に行って初めて彼女は，彼女の妹とほとんど同じ名前の，もう1人の妹がいることを知りました。数日でその町を去った彼女がその後2年ほど，どこで寝泊まりしていたのかは分かりません。18歳になり彼氏に連れ添われて私の精神科外来を受診した彼女の診断は「解離性障害」でした。

　私はこの本を書くにあたり「外傷的育ち」という言葉を選びました。子どものころに虐待（身体的虐待，心理的虐待，性的虐待，ネグレクト）を受けた体験，それに加えて過度な支配や制限，自主性の剥奪や従属の強制，外傷になるような離別や死別など，心や脳にダメージを与えるような養育体験とその影響を「外傷的育ち」と呼びたいと思います。ミワさんがお母さんとの間で体験したことやその時の感情がその後の彼女の人生に大きな影響を与えたように（ミワの物語はp.50に続きます），幼少時の養育体験やそれに伴う感情は，大人になってからの生きづらさの原因となる人間関係上の弱点や感情反応のクセに大きな影響を与えます。そのような影響には多くの人に共通する特徴があるのです。
　外傷的育ちの影響で心の症状が現れて精神科外来を訪れる人の治療では，診察は症状の話に終始し外傷的育ちのことがずっと語られないま

ま，症状もなかなか良くならないということがあります。医師はそのような苦い経験を重ねるうちに，その人の特徴的な考え方や対人行動に触れるだけで，その人が外傷的育ちを生き抜いてきた人であるかもしれないと見立てることができるようになっていきます。

例えば，自己評価を過度に低く下げておく人。

自分の感情の存在を「度外視」し，感情のことに話が及ばない人。

周囲の誰かが受けている理不尽な扱いには義憤を顕わにするが，自分の理不尽な境遇に対しては決して怒りを表明しない人。

そのような人に出会う時，私は「この人は外傷的育ちを生き抜いた人かもしれない」と想像し，その心をノックしてみます。するとそれに応えて固く閉ざされた扉がほんの少しずつ開かれ，当たり前の愛情を与えられずに大人になってしまった悲しみ，怒り，後悔，恨み，憎しみ，依存心など，さまざまな感情がにじみ出してくるのです。

彼らと関わる時，いつも私は心に1つのイメージが湧きます。マンホールの蓋の上にしゃがみ込んで，ただただその蓋が開いて下から汚水

マンホールの蓋の下から感情が噴き出してこないように，全体重をかけて蓋を押さえながら生きる。

が噴き出してこないようにすることに全体重をかけて何とか生きている人のイメージです。彼らはみな，幼少時代からの激しい，未解決の感情を処理することもできないままとにかく上から重たい「心の蓋」をして，それが噴き出してこないように，全体重をかけてすべての感情を抑え込んでいるのです。

　彼らと向き合ううちに，彼らの心には2つの逆説的な心理が存在することに気づくようになりました。

　1点目は，彼らは感情を表に出さないので感情をコントロールしているように見えるけれども，実際には自分の感情のもつれを解きほぐして解決していくことがとても苦手だということ。

　2点目は，彼らのほとんどは親を避け，憎み，距離をとっているけれども，心の内面では親をあきらめきれていない，心の親離れができていない，ということです。

　この2点のことを彼らが自分から語ることはほとんどありません。たとえ表面上はそれらの心理が見受けられなくても，外傷的育ちを生きた人の心にはその2つの心理が存在するものと考えて向き合う必要があります。外傷的育ちを抱える人の心の治療は，その2点を無視しては決して進まないのです。

　この本は外傷的育ちを抱える人を治療・支援し，外傷的育ちの克服を「ガイド」する人のためのガイドブックです。

　日本では1980年代にアルコール臨床の分野から生まれた概念，アダルトチルドレン（adult children：AC, 機能不全家庭で育ち成人した大人）の社会的ブームがありました。当時はそれに対する批判的意見も活発に出され，その代表格は「何でも親のせいにするのか」という批判でした。1990年代以降も外傷的育ちを生きる当事者に向けた自己啓発的な書籍の出版は途切れることなく続き，最近では「毒親ブーム」という形で盛り上がりを見せているものの，ACが「疾患名」ではなく当事者の自己理解のための呼称ということもあり，精神科や心療内科の医療・

医学からは一線を画されている状況です。
　一方精神分析の世界では，Freud S. が心の病の原因が幼少時の性的虐待などにあるとする「外傷起源説」を一時主張し，やがて放棄しました。しかしその後も外傷的育ちによる心の病を研究する「外傷理論」は，彼の弟子 Ferenczi S. らによって精神分析学から亜流と見なされながらも連綿と続き，1950 年代のイギリスの Bowlby J. らによる「愛着理論」の流れを汲む形で 2000 年代に Fonagy P., Bateman A. による「メンタライゼーション」治療理論が現れました。当事者理解に有用な理論と，実証研究で証明された治療効果の高さを併せ持つとても実践的な治療理論なのですが，その専門書はやはり誰が読んでも簡単に理解できるものではなく，専門書の和訳版が出版されて 10 年を経た今も，一般の医療や福祉・教育現場がこの理論の恩恵を受けているとは言い難い状況です。
　このように，外傷的育ちによる生きづらさや心の病の治療は精神科医療の役割の大きな一部分を占める重要な分野であるにもかかわらず，若手精神科医や看護師・ソーシャルワーカー・臨床心理士など医療者が平易にその治療の基本を学べる機会や書籍が乏しいのが現状です。そのため熱意のある医療者であっても誤ったアプローチのために当事者・医療者ともに傷つく結果になったり，この分野に興味を持てず，できるだけ避けてきた医療者が驚くほど基本的理解に乏しいまま年数を重ねて後進の指導に当たったりということが起こっています。
　これらの点を踏まえ，幅広く外傷的育ちを抱える人を治療・支援する人にガイドブックとしてご活用いただけるように，この本は次の3点の特色を持ったアプローチとしています。

① 「過去」・「親」ではなく，「今」・「自分自身の心や行動」に焦点を当てるアプローチ
　自分の痛みを親の責任に帰して楽になったり，親の支配から逃れれば

心も解放されると教えるアプローチではありません。過去を振り返る作業は振り返ることが目的ではなく,「今ある苦しみ」を解決するヒントを探すための作業であり,その作業の中で必然的に本人の心の中にある「鎖」に光が当たり始めます。今現在も過度に支配的で侵入的な親に苦しむ人の治療であっても,それが成人であれば特に,外傷的育ちの克服のために取り組むべきは自分の心の中にある「鎖」であり,親の存在そのものではないことが多いのです。今・自分の心の中にある鎖に焦点づけ,その鎖を解き放つための援助をする方法を説明します。

②メンタライゼーションの治療技法を活用したアプローチ

先に挙げたFonagy, Batemanらによるメンタライゼーションに基づく治療 (mentalization-based treatment：MBT) の治療理論を中心に据えたアプローチです。メンタライゼーション mentalization とは,「自己・他者の言動・行為を,心理状態(欲求・感情・信念)に基づいた意味のあるものとして理解すること」を意味し,メンタライズする mentalize という動詞形で使われます(第3章参照)。難しそうに聞こえますが,例えば「彼はどういう気持ちからああいう行動をとったんだろう？」と慮ったり,「どうして私は今彼に対してそんなにイライラしてしまうのだろう？」と自らを省みたりという,誰もが日常的に行っている心の作業のことです。幼少時に外傷的な養育環境の中にあるとこのメンタライズ力が健康に育たず,メンタライズ力の不足が大人になって種々の心の病につながると考え,治療によってメンタライズ力の成長を促し,外傷的育ち特有の症状や病的な行動の改善を図るのがMBTです。MBTは元来グループセラピー・個人精神療法・心理教育などを組み合わせた「治療パッケージ」というスタイルを持ちますが,創始者の1人Batemanは自著(2008)で,「MBTは新しいブランド,新型の治療法ではない」と書いており,私が参加したMBTのワークショップの冒頭でも彼はそれを参加者に伝え,「この技術は皆さんが皆さんの現

場で実践している技法に加えて活用してほしい」と強調しています。その言葉どおり，今日メンタライゼーションの治療理論は特別な治療法としてではなく，一般精神科診療，心理臨床，そして精神科看護，地域保健・福祉，教育などの領域に広がり，そのエッセンスがさまざまな形で活かされ始めているのです。私は，この本の主題である，「外傷的育ちを抱える人の苦しみの克服をどうガイドするか」を理解し，習得するために，このメンタライゼーション理論が最も有用であると確信しています。メンタライゼーションの理論・アプローチの中で，外傷的育ちを抱える人の「変わっていく力」になる基本的な部分をできる限り詳しく分かりやすく解説していきたいと思います。逆に，この本はメンタライゼーション理論を網羅した解説書であることを第一の主題とはしていませんので，膨大な拡がりを持つ当理論の中で実践上どうしても必要ではないと思われる学究的な内容は省略しています。さらに当理論を研究したい方は優れた和訳のある原著をお読みいただくことをお勧めします。

③医療のみならず，保健・福祉・教育現場で支援する人が活かせるアプローチ

　この本は第一に医師や，当事者をチームで支える各職種の医療者，心理臨床に携わる人が，外傷的育ちを抱えて生きる人に対する理解を深め，治療に役立てていただきたいという思いで書かれたものです。しかし先述のように，今日メンタライゼーションを用いたアプローチは医療にとどまらず保健・福祉・教育などさまざまな現場でさまざまにアレンジされ活用されており，この本でもそれらの現場で外傷的育ちを生きる人々を支援する人に幅広く役立てていただけるような内容を盛り込んでいます。全編をとおして誰でも簡単に理解できる内容ではないかもしれませんが，できるだけ多くの人に読んでいただけるように，専門用語には説明や実例を挙げ理解の助けになるよう努めています。私は行政職を務めていたこともあり，保健・在宅支援など福祉・教育の各分野からこ

れまで種々の相談を受けてきましたが，各支援職が支援に悩んで行き詰まっている事例の最も大きな割合を占めるのがこの外傷的育ちを抱える人の援助と言っても過言ではありません（もう1つ大きな割合を占めるのが自閉症スペクトラム障害です）。その現場の支援職の皆さんと共に理解を深める時に，メンタライゼーションの話は非常に分かりやすく，事態の打開策として実践・活用されやすいことを実感しています。ぜひ幅広い職種の支援者に読んでいただき，Bateman が言うように，あなたの現場で活用していただきたいと思います。

　ちなみに，外傷的育ちの生きづらさを抱える当事者にもこの本を読んでいただけることがありうると思って書いています。私はこれまで当事者に向けても度々この話をしてきましたが，支援職が理解に苦労している傍で，当事者が実感を持って内容にそのまま共感し，「腑に落ちる」場面に多く出会いました。それでもこの本を当事者向けにしなかった理由は，外傷的育ちによる心の病は，「関係の中で治す」病気であると考えるからです。当事者が1人で本を読んで取り組むより，十分に理解ある支援者との相互関係の中で取り組む方が大きな回復力に結び付くと考えています。外傷的育ちの克服は当事者自身の歩みで行うものではありますが，それを支援する人の関わりを本の主題に据えることで，本人が混乱している状況など，より幅広い状況や問題についてお話ができると考えています。

　この3点を踏まえて，この本を通して伝えたいテーマ，外傷的育ちを抱える人が変わるためのキーポイントを，「メンタライズ力の成長」と「分離」と位置付けました。本のサブタイトルに掲げた「〈心を見わたす心〉と〈自他境界の感覚〉をはぐくむ」とは，それぞれのキーポイントを表しています。「分離」は，この本の中では同じ意味として「自他境界の感覚の体得」の他にも，「心の親離れ」「100％幻想を手放す」などいろいろな言葉で表されます。ある意味では「分離」も「メンタライズ力の

成長」も，外傷的育ちの中で停止せざるを得なかった心の成長作業の道を改めて歩み始めることです。その道のりにはいくつものハードルや，罠や，鍵のかかった扉が待っています。治療者や支援者が，そのハードルを乗り越えられずに苦悩する本人の傍に立ち，新たな生きがいや生きる意義を直接教唆するのではなく，本人の歩みを支持する人として存在するためのさまざまな知恵や心構えをお伝えしていきたいと思います。

Key Points

・**外傷的育ちとは**：
　子どものころに虐待を受けてきた人，過度な支配や制限，自主性の剥奪や過度な従属の強制，外傷になるような離別や死別など，心の傷，おそらく脳にダメージを受けるような養育体験とその影響。大人になると，自己評価を過度に低く下げておく，自分の感情の存在を「度外視」する，自分のために怒れないなど，共通の心理行動特徴を持つようになる。

・治療・支援する人は，彼らが隠し持つ「感情をコントロールしているようだが，実際には感情コントロールが苦手である」「親を避け，憎み，距離をとっているけれども，心の内面では親をあきらめきれていない」などの心理を理解し向き合う必要がある。

・この本による外傷的育ちの治療・支援アプローチの3つの特徴
　①「過去」「親」ではなく，「今」「自分自身の心や行動」に焦点を当てるアプローチ
　②メンタライゼーションの治療技法を活用したアプローチ
　③医療者のみならず，保健・福祉・教育現場で支援する人が活かせるアプローチ

第2章
外傷的育ちによる困難を表す 3つの概念と，重なり

　外傷的育ちに関係の深い病名・概念として，境界性パーソナリティ障害（borderline personality disorder：BPD），複雑性PTSD（complex post traumatic stress disorder），アダルトチルドレン（AC）の３つが挙げられます。これらの診断基準や定義を見渡すと，軸足を置く場所の違いはありますが，互いに類似する心理行動特徴をいくつも挙げていることに気づかされます。

2.1　境界性パーソナリティ障害（BPD）

　パーソナリティ障害とは，自己イメージや他者との対人関係様式，対人関係に反応する行動の障害です。その中でも代表的なものが境界性パーソナリティ障害（以下BPD）です。アメリカ精神医学会作成の診断基準であるDSM-5におけるBPDの診断基準を次ページに挙げます（表2.1）。DSMという診断基準は簡便に診断できる反面，横断面（診断時の症状・病像）だけで診断するように作られているので，この診断基準を読むだけで深い心理的な特徴までを読み取ることはできません。診断基準の第１項目に見捨てられ不安という外傷的育ちの影響が大きい「心理特徴」が挙げられていますが，それと並んで自傷行為，物質乱用など嗜癖的で

表2.1 境界性パーソナリティ障害の診断基準（DSM-5）

対人関係，自己像，情動などの不安定性および著しい衝動性の広範な様式で，成人期早期までに始まり，種々の状況で明らかになる。次のうち5つ（またはそれ以上）によって示される。

1. 現実に，または想像の中で見捨てられることを避けようとするなりふりかまわない努力
2. 理想化とこき下ろしとの両極端を揺れ動くことによって特徴づけられる不安定で激しい対人関係の様式
3. 同一性の混乱：著明で持続的に不安定な自己像または自己意識
4. 自己を傷つける可能性のある衝動性で，少なくとも2つの領域にわたるもの（例：浪費，性行為，物質乱用，無謀な運転，過食）
5. 自殺の行動，そぶり，脅し，または自傷行為の繰り返し
6. 顕著な気分反応性による感情の不安定性（例：通常は2～3時間持続し，2～3日以上持続することはまれな強い不快気分，いらだたしさ，または不安）
7. 慢性的な空虚感
8. 不適切で激しい怒り，または怒りの制御の困難（例：しばしばかんしゃくを起こす，いつも怒っている，取っ組み合いの喧嘩を繰り返す）
9. 一過性のストレス関連性の妄想様観念または重篤な解離性症状

Reprinted from *The Diagnostic and Statistical Manual of Mental Disorders*, 5th Edition. Washington, DC, American Psychiatric Association, 2013. Used with permission. Copyright©2013 American Psychiatric Association. 日本精神神経学会（日本語版用語監修），髙橋三郎，大野 裕（監訳），染矢俊幸，神庭重信，尾崎紀夫，三村 將，村井俊哉（訳）DSM-5 精神疾患の診断・統計マニュアル．p.654, 医学書院, 2014

　自己破壊的な行動，怒りやイライラなどの感情不安定など，現在目に見える「症状・行動」の項目が続きます。全体として感情を調整することが苦手であることに関連する症状が中心になっており，弁証法的行動療法（dialectical behavior therapy：DBT）を創始した Linehan M. は BPD の基軸症状の筆頭が「感情調整機能不全」であるとしています。

　従来から BPD は外傷的育ちとの関連が示唆されています。DSM の診断基準ができる以前，BPD を1つの疾患概念としてまとめあげる研究を先導した Kernberg O. や Masterson J. は，元来外傷的育ちによる特徴的な心理発達の歪みが BPD の各症状の発現に影響を与えていると考え説明していました。次に挙げる「複雑性 PTSD」の呼称使用を提唱

している Herman J. の調査によると，BPD と診断される人の 81% が虐待的な養育体験を有していた，と BPD と外傷的育ちの強い関連性を報告しています。また，虐待に限らずとも親からの養育行動の乏しさと境界性パーソナリティ傾向が強く関連しているという調査報告（Russ et. al., 2003）もあり，その関連性は非常に強いと言えます。

一方で臨床的な印象としては，DSM 診断基準があまりに簡便で BPD を広く取り過ぎてしまうように感じます。第 1 項の「見捨てられ不安」の有無さえ診断確定のために必須ではなく，9 項目の中でどの 5 項目を満たしても診断できてしまいます。元来 BPD の中核群は外傷的育ちの中で形成される症状の集まりであるにもかかわらず，一旦できあがった診断基準で BPD と診断される人には多数の「外傷的育ちを持たない群」が含まれてしまうという「非同質性」の問題があります。例えば双極性感情障害（躁うつ病）のように躁とうつの気分の波と落差が激しい人，自閉症スペクトラムの傾向が強い人，知的な問題を抱える人，そしてそれらの問題がないか深刻ではないのに感情調整力が弱いと見られる人なども BPD の診断基準を満たす場合が少なくないように思います。

> 【概念の特徴】
> ・世界共通の診断名である。
> ・感情調整障害に起因する症状が重視されている。
> ・外傷的育ちではない要因の影響で感情調整障害の症状を呈している人も，診断基準を満たす群に多く含まれる。

2.2 複雑性 PTSD

先に述べた Herman は，たくさんの虐待経験者の治療と援助の中で，

BPDと診断される人の多くに虐待的養育体験があること，しかしBPDという診断名はその点がよく考慮されず，「難しい患者」というような侮蔑的なレッテルとして使われがちであることを指摘し，「複雑性外傷後ストレス障害（以下，複雑性PTSD)」という診断名を使用することを提唱しました。この診断は虐待体験の影響が中心に据えられており，持続的な虐待が自己感覚や記憶などに与える深刻な影響を中心とした診断基準です。従来のPTSDの中核症状（再体験，回避，過覚醒）に加えて，怒りや暴力の爆発，自傷行為など感情制御の障害，自分は汚れているなどの自己感覚の変化と他者への不信感，孤立などの症状，さらに心的外傷の加害者についての歪んだ感覚（復讐への没頭や，逆に加害者の合理化）などが挙げられています。この診断基準はもう少し整理され，WHO（世界保健機関）発行でDSMに並ぶ世界標準の診断ガイドラインであるICD[注1]の次期最新版（ICD-11）に組み入れられる提案がされています。

Hermanの研究は画期的であるがゆえに，批判する人も多くいました。外傷性の精神疾患では必ず向けられる批判ですが，虐待の記憶が加工されて誇張されているのではないかという点などです。私たちの臨床場面においても，初めネグレクトや心理的虐待と思わせるような幼少時代のエピソードばかりが語られていたのに，自己理解の深化とともに親との温かい交流の記憶が徐々に蘇ってくることは多々あります。また，主治医があまりにその虐待経験にばかり興味を示していると次々と真偽がわからない新しい虐待のエピソードが語られていくということもあります。記憶が加工されるという点は，外傷的育ちの人々の支援者は念頭に置いておかねばならない点です。

しかし，近年，幼少期に虐待的養育を受けた人では脳の中でも記憶形

注1) The International Clinical Descriptions and Diagnostic Guidelines, Classification of Mental and Behavioural Disorders

成に関わる「海馬」という場所の委縮が見られることが脳の研究で明らかになってきました。また，危険や恐怖などの警告信号を出す「扁桃体」や，意思決定を行いメンタライジングを司ると目される「前頭前皮質」にも異変が見られることが分かってきました。外傷的育ちが脳にダメージを与え，それが記憶・恐怖・意思決定の領域で誤作動を引き起こし，外傷的育ちに特徴的な症状につながっているということは確かであると考えられます。

複雑性 PTSD　診断基準　抜粋：
1. 長期間にわたる被虐待などの体験
2. 感情制御の障害，不機嫌，自殺念慮，自傷
3. 再体験・回避・過覚醒など外傷症状，体験の健忘や過剰記憶
4. 自分は汚れている，など自己感覚変化，自己非難
5. 外傷の加害者について歪んだ感覚（復讐への没頭や，逆に加害者の合理化）
6. 孤立と引きこもり
7. 希望の喪失

【概念の特徴】
・BPDと異なり，かなり共通の背景と症状を持つ人を診断できる。
・性的虐待，身体的虐待などかなり深刻で持続的な虐待によって起こる諸症状を念頭に作成されており，広い意味での外傷的育ちの影響すべてをカバーするわけではない。
・幼少時の被虐待体験について，事実やその程度をさかのぼって正確に把握することは困難。

2.3 アダルトチルドレン（AC）

　1980年代に「アルコール依存症者の親を持ち，成人した子ども」が共通の心理的な特徴を持っている，としてアダルトチルドレン（adult children of alcoholics：ACOA）の概念が提唱されました（Woititz, 1981）。その後，「さまざまな虐待的な親が作る機能不全家庭で育ち，成人した子ども」（adult children of dysfunctional families：ACOD）を総称する傾向が強まりました。日本でも当時「ACブーム」が巻き起こりましたが，ブームが過ぎた今もAC関連の書籍は広く読まれています。「AC」は病名ではなく，当事者の「自己理解のためのキーワード，呼び名」です。ACという用語によって自己理解を深め，自分のリカヴァーに役立てるものです。そのため精神科医療現場で公式にACという言葉が使用されることは少ないですが，うつ病，神経性大食症，種々の嗜癖，パニック障害などの診療で本人と主治医の共通理解のためにACという言葉が利用されることは実は稀ではないのです。

　ACの心理・対人関係の特徴としては低い自己評価，強い自己承認欲求，他者コントロール欲求，怒りや批判への怯え，過剰適応，感情の認知や表明が苦手であることなどが挙げられます。これらの心理特徴は，「親のためにがんばって役に立っていれば存在を承認される－役に立っていない自分は存在を承認されない（条件付き自己承認・存在の無条件性の欠如）」という外傷的育ちに共通する心理と，その苦しみを覆い隠すために覚えた「嗜癖的自己承認」など特有の対人パターン，「自己承認の病理」を中心に据えていると言えます（第6章で詳しく述べます）。

ACの心理・対人関係の特徴
1. 自罰的で自己評価が低い

2. 感情の認知・表出が苦手
3. 疎外感を感じやすく,批判を恐れ過剰適応
4. 自己承認欲求,他者コントロール欲求が強い

【概念の特徴】
1. 病名・診断名ではない。自己理解のために活用するキーワード。
2. 自己承認をめぐる葛藤からくる心理・対人関係パターンを中心に据えている。

2.4 外傷的育ちのトライアングル

この3つの概念を表で並べてみると,それぞれ中心に据えている特徴は少しずつ違いますが,全体としては重なっている部分がかなりあることが分かります(表2.4)。

表2.4 BPD,複雑性PTSD,ACの「診断基準」の共通項

BPD	複雑性PTSD	AC	共通項
見捨てられ不安	再体験,回避,過覚醒,記憶症状	疎外に敏感	見捨てられ恐怖症
自傷行為,物質乱用,感情爆発,暴力	感情制御の障害 不機嫌	感情の認知・表出が苦手	感情調整障害
不安定な自己像	自分は汚れている,など自己感覚変化	自己低評価 自己承認欲求	自己承認の病理

グレーに塗られた枠は,その「診断基準」が主に
注目している症状・心理特徴

外傷的育ちのトライアングル

第Ⅰ部　外傷的育ちの理解　〜外傷的育ちのトライアングル〜

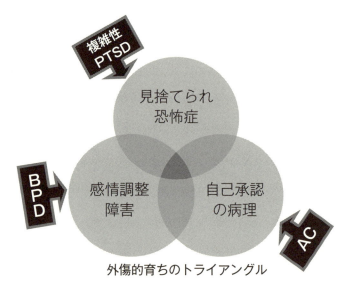

図2.4　外傷的育ちのトライアングルと，各診断・概念の視点

　3つの診断・概念の共通項である3点を名づけてみました。
①見捨てられ恐怖症（生理学的な恐怖反応）
②感情調整障害
③自己承認の病理（存在の無条件性の欠如・条件付き自己承認・嗜癖的自己承認）
　私はこの3点が外傷的育ちで苦しむ人を理解する上で最も重要な心理・行動特徴であると考えています。これを**外傷的育ちのトライアングル**と呼ぶことにします。
　図2.4にあるように，3つのサークルは互いに重なりあっていて，外傷的育ちの人は多かれ少なかれ3つのサークルの特徴を有していますが，その重心は人それぞれ違います。そしてこの章で挙げた3つの診断・概念はこの外傷的育ちのトライアングルをそれぞれ別の角度から，すなわち複雑性PTSDは再体験・回避・記憶症状など生理学的な恐怖反応としての「見捨てられ恐怖症」の側から，BPDは自傷行為・感情

爆発・暴力など「感情調整障害」の側から，ACは条件付き自己承認・嗜癖的自己承認など「自己承認の病理」の側から見ているというイメージで捉えることができます。

　第Ⅰ部・理解篇ではこのトライアングル3点がどのように形成されていくのかを，順番に理解していくように説明を進めていきます。その説明には，メンタライゼーション理論をたくさん用いていきます。まずは，メンタライゼーションとは何か，ということを初めに説明していきたいと思います。

Key Points

・外傷的育ちと関連の深い3つの疾患・概念である「境界性パーソナリティ障害」「複雑性PTSD」「アダルトチルドレン」は，主となる視点は異なるものの，共通の心理特徴を挙げている。
・すなわち「見捨てられ恐怖症（生理学的な恐怖反応）」「感情調整障害」「自己承認の病理（存在の無条件性の欠如・条件付き自己承認・嗜癖的自己承認）」の3つであり，これを「外傷的育ちのトライアングル」と呼ぶ。

第3章
メンタライゼーションとは

> **練習問題1**
>
> ある子どもがパパの運転する車に乗っています。でも，パパが今日はやたらとスピードを出して運転をしています。子どもは，「どうしてだろう？」と考えます。その疑問に対して子どもはどんな風に考えるでしょうか。
>   3歳なら……
>   5歳なら……
>   7歳なら……
>   いつもパパに怒鳴られている10歳の子なら……

　まず練習問題1を考えてみてください。ある子どもがパパの運転する車に乗っています。でも，パパが今日はやたらとスピードを出して運転をしています。子どもは，「どうしてだろう？」と考えます。その疑問に対して子どもはどんな風に考えると思いますか？　3歳なら，5歳なら，7歳なら，またいつもパパに怒鳴られている10歳の子なら，とそれぞれ考えてみてください。

　3歳の子なら，「パパはスピード出すのが好きなのかな」と思うかもしれないし，5歳の幼稚園児なら，「今日は急いでいるのかな」と思う

かもしれません。7歳の小学1年生にもなれば,「何かイライラすることがあったのかな」と,少し行動の背景にある「心理」を読める子が多いでしょう。また,いつもパパに怒鳴られている10歳の子は,「また私がパパを怒らせるようなことをしてしまったに違いない」と考えて怯えてしまうかもしれません。このように他者の心を慮り,自己の心を省みる行為を「メンタライズする」といいます。

メンタライゼーション mentalization とは,「自己・他者の行為を,心理状態(欲求・感情・信念)に基づいた意味のあるものとして理解すること」と定義されます。多くの場合,「メンタライズする mentalize」という動詞形や「メンタライジング mentalizing」という動名詞形で使います。第1章で紹介したように特別なことではなく,例えば「彼はどういう気持ちからああいう行動をとったんだろう?」と慮ったり,「どうして私は今彼に対してそんなにイライラしてしまうのだろう?」と自らを省みたりという,誰もが日常的に行っている心の作業のことです。一般的に4歳(〜6歳)頃には健康にメンタライズできる能力が育つと言われ,その成長には養育者の働きかけや子どもとの情緒的やり取りが非常に重要な役割を果たすとされています。本章では,メンタライゼーションとはどのようなものか,どのようにその能力が成長するかについて説明したいと思います。

では,大人になってからメンタライジングが必要となるのはどのような場面でしょう。

練習問題2

ある上司の自問です。
「私は最近,やたらと1人の部下に辛く当たってしまう。彼だけがそこまでできていないわけじゃないのに」

> 一方で，その当たられている部下も慮ろうとします。
> 「上司がやたらと僕ばかりを責める。ケンカして辞めちゃいたいけど，その前に，なんでなんだろう？」
>
> あなたがそれぞれの立場なら，どんなふうにメンタライズしますか？

　上司の方はどうでしょう。
　「いや，彼のミスは重大なものが多いから腹が立って当然だ」「どうも私は彼のことが生理的に受け付けない」などと考えてしまいます。
　一方の部下は，「僕のことを憎んでるんだ」「不当に差別されている」「ああいう方法でしか自分のストレス解消ができないんだ，可哀想な人だ」などと考えてみます。しかし両者ともしっくりと腑に落ちることはなく，お互いの溝は深まるばかりです。これは残念ながらしっかりと心に根差したメンタライジングができていないせいです。人が大人になり社会で生きていく中で，その人のメンタライジング姿勢は人生に重要な影響を与えます。しかし幼少期に外傷的育ちの中にあったためにメンタライズ力がうまく育たなかったからといって，それを一生抱えていかなければならないわけではありません。メンタライズ力はいつでも育つのです。この練習問題2のメンタライジングについては，第5章5節で改めて説明します。
　大人のメンタライズ力を育てていくアプローチがメンタライゼーションに基づく治療（MBT）です。MBTとは，より全体的で健康的なメンタライズする能力を高めることにより感情調整や対人関係行動の修正を図る治療です。英国のFonagyとBatemanというお2人の先生が，BPDの治療のために創始された治療法です。お2人はすでに精神分析の分野で著名な先生でしたが，より実践的で，治療効果がはっきり証明される，つまり「BPDを治せる」治療としてこの治療法を始められました。事実，精神医学界では世界で最も影響力があると言われる医学雑

ロンドンの聖アン病院にあるパーソナリティ障害治療専門ユニット，
Halliwick Unit

誌に MBT が BPD の治療として効果がある，という臨床試験の論文がすでに何本も掲載されているのです。

　私は 2009 年の暮れに，Bateman 先生が所長を務められている英国ロンドン・聖アン病院にある，パーソナリティ障害専門治療ユニット「Halliwick Unit」を見学させていただきました。一般には見学を受け付けていないらしく，日本の臨床家で Halliwick Unit に足を踏み入れたのは君が初めてだよ，と Bateman 先生は話してくれました。私はこのユニットで行われる治療の本も読んでいましたし，研究論文も読んでいましたので，最新の設備に，豊富なマンパワーで，最新鋭の医療施設をイメージしていました。実際に訪れてみると，貧困や犯罪，薬物の問題も深刻なロンドン北東部にある古い病院の一角に，ひっそり佇む平屋建ての小さな古い建物でした。日本でいうと，県立精神科病院のデイケア棟，といった感じでしょうか。迎えてくださった Bateman 先生は黒いトレーナーとジーンズ，日本製のオートバイで通勤される，権威ばらないカッコいい先生でした。チームの皆さんも皆臨床に携わっているス

第3章 メンタライゼーションとは　　27

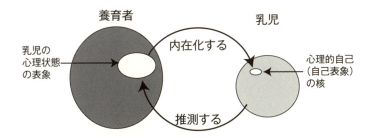

図3.1a　心理的自己の誕生

はじめに養育者が乳児の心を「発見」し、乳児が取り入れる中で心理的自己を形成する。心理的自己を持つことにより、行動主体としての自己が成長していく。
〔Psychotherapy for Borderline Personality Disorder by Bateman & Fonagy (2004) Fig3.2 pp69 © Oxford University Press 2004. By permission of Oxford University Press.〕

タッフで、「現場主義」が貫かれているところでした。

3.1　健康なメンタライズ能力の発達

　健康なメンタライズ力はどのように育つのでしょうか。メンタライゼーション理論では心の発達についてどう考えられているか見てみたいと思います（図3.1a）。メンタライゼーションの理論では、子どものメンタライズ力の発達は「行動主体の感覚 agency」の獲得・成長と密接に関わるとされています。行動主体とは人が考え行動するときの主体、「ワレ思う、ゆえに我あり」の「ワレ」の部分です。同様に「ワレ食べる、すると我満足する」「ワレ腕を振る、するとボールが飛んでいく」の「ワレ」です。例えば身体運動で行動主体の感覚を育てようと思うと、「このくらいの脚の筋肉の力の入れ具合で蹴り上げれば逆立ちができる」「この角度でこの軌道で腕を振ればストライクが入る」という風に自分の身体が今どのような形でどのように動いているかを察する感覚、「ボディーイメージ」の発達が不可欠です。同じように乳児、子どもが心理的に行動主体の感覚を獲得していくためには、「この感覚は空

腹」「お母さんが見えなくて寂しい」「さっきの言葉で今ボクは怒っている」という風に自分の心の動きを察するための「自分の心のイメージ像」をしっかり持っていなければなりません。これを『心理的自己』またはまとまりある『自己表象』と呼びます。愛着理論の流れを汲むメンタライゼーション理論では，生まれたての乳児には「心理的自己」はまだないと考えられています。まず初めに，母親（養育者）が乳児の情動反応を見て，その心の中を推測します。推測する母親の心の中には「乳児の心理状態の表象」が作られます。母親は子どもがワーワー泣いていたら，この時間だからお腹が空いているのかな，この泣き方はオムツかな，この泣き方は普通じゃない，どこか痛いのかな，と毎日毎日推測するうちに乳児の心の見取り図のようなものを心の中に持つのです。そして，「あらら，お腹空いたわね，おっぱいしようね，おっぱいしようね……」とその都度返していくうちに，乳児自身の中に，母親の心の「乳児の心理状態の表象」が「自分の心理状態の表象」として取り込まれていくのです。これが心理的自己の核になります。

　ここまですでに分かりにくいと感じた方もおられるでしょう。この話がメンタライゼーションの勉強の初めにして一番難しいところと言って良いと思います。何とか理解していただくために，先に「表象representation」についてお話をしていきたいと思います。メンタライゼーションに限らず心理学や精神分析を学び始めた人で，この「表象」という言葉の意味がイメージしにくい人が結構多いのです。しかもこの表象が分からないままだとその先の話が分からないので，困ってしまいます。

　表象とは，具体物「私」や「お母さん」そのものではなく，それを心の中で表し，象徴する「イメージの集合体」のことです。私はこの「表象」について，「心の見取り図」，または3次元の「心のジオラマ」と説明しています。たとえばあなたがお城の観光に行ったとします。入場料を払って入ると，入り口に近い目に付くところにそのお城のジオラマ

第 3 章　メンタライゼーションとは　　29

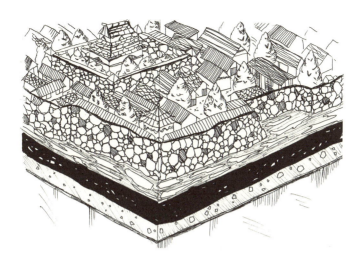

お城のジオラマ。見て，体験することで心の中にも根づく。

が展示されていることがしばしばあります。初めに展示してあるので見なければいけない気がしてしばらく眺めてみますが，そのうちに，「本物のお城や天守閣からの景色を見に来たのに，なんでこんな模型を見なきゃいけないんだ」と気を取り直して順路を回り始めます。歩いていると鍵字型の廊下に差しかかります。すると「あ，この鍵字があのジオラマでいうところのあそこの部分にあたるんだな，今あそこにいるんだな」と気づきます。もし初めにジオラマを見ていなければそのように「見当をつける」ことは難しいでしょう。これが，心の中に「お城のジオラマ」を獲得した状態です。

それではさらに，グーンとタイムスリップして，戦国時代のお城の住人である子ども 2 人を想像してみましょう。1 人目はノブナガ君です。ノブナガ君は殿様の子どもなのに小さい頃から悪友たちとお城の隅々まで探検して，イタズラしてきたので，お城のことは全部知っています。つまり，心の中にしっかりした「お城のジオラマ」を持っています。もう 1 人はヒデヨリ君です。ヒデヨリ君も殿様の子どもですが，生まれてこの

方ずっと安全な天守閣の豪華な一室で何不自由のない生活をしてきましたが，心配性のお母さんが許してくれないのでお城の外どころか，二の丸御殿やお濠の水も見たことがありません。ですから心の「お城のジオラマ」は，ぼんやりとあるけれどとても不明瞭で，未完成です。2人が少年になったころ，お城に敵が押しかけ，合戦になりました。2人が寝ていた天守閣の一室でも，突然爆音がとどろいたり，頭上から火の粉が降ってきたりしました。2人の少年の心の状態を想像してみてください。

　ノブナガ君は起こっている現実を心のジオラマに照らし合わせて，「あの方向は二の丸に着弾したな」とか「この音だと階下のあそこが燃えているだろうから，こっちの階段から逃げよう」と「分かる」「考える」「対処する」ことができます。しかしヒデヨリ君は，爆音や火の粉で何が起こっているかも分からず恐怖がどこまでも高まります。場合によってはパニックになってしまうかもしれません。

　2人の違いを想像していただけたでしょうか。ここでいうお城は，自分の心に譬えられます。「心理状態の表象＝心のジオラマ」を持つということは，自分の心＝お城のどこで何が起こっているかが分かる・考える・対処し，不安や恐怖感を小さくする（感情調整する）ことにつながるのです。そしてそれができるノブナガくんの心には，ジオラマをとおして事態を把握しコントロールする「快」が芽生えます。その「快」がノブナガくんをさらなるお城の探究に駆り立てていきます。子どもは『自分の力で自分の苦痛を何とかする』，行動主体の感覚に快さを覚え，もっともっとメンタライズできるようになっていくのです。心を見わたせる心を持ち，行動主体として不安や恐怖に対処できるようになったノブナガくんのような状態を，これ以降「行動主体自己 agentive self」と呼んでいきます。

　それでは表象が理解できたところで，図3.1aで何が起こっているかもっと詳しく解説した図3.1bで，養育者のどのようなミラーリングが心のジオラマを作っていくか詳しく見ていきましょう。

第3章 メンタライゼーションとは　31

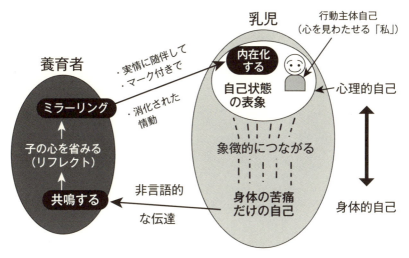

図 3.1b　感情調整の発達 〜情動の象徴化〜（Bateman & Fonagy, 2004 から作成）

　初め乳児の内的世界には心のジオラマがありません。生理的な刺激や内臓刺激,「熱い」とか「お腹のあたりが痛い」とか, 例えば心細い状況で「胸の辺りがキュッと締め付けられるような感覚」があるだけです。その時々にそれを体験している自己が, 図の右側の大きな楕円「身体の苦痛だけの自己（身体的自己[注2]）」です。生理的な刺激などに伴う苦痛・不快な情動を感じた乳児は, 泣いたり手足をばたつかせたりと, 非言語的な表現でそれを伝達します。それを受けた養育者は, まずその不快な情動に共鳴します。次に今子どもの中で何が起こっているのか, その苦痛が何であるのかを省みます（リフレクト）。これは養育者自身の心に, 子どもの心のジオラマを作り上げること, または作り上げた心

注2） 身体的自己とは身体そのものではなく, 心のジオラマの一部品には違いありませんが, まとまりを持ったジオラマとしてお城全体を表象しているわけではなくバラバラであり, また刺激が去れば消えてしまう原始的な表象であることから,「一次表象」とも呼ばれます。一方まとまったジオラマとして恒常性を持った表象である心理的自己は,「二次表象」と呼ばれます。

のジオラマを見渡して探索する（メンタライズする）ことです。そして最後に，省みて消化された情動を，子どもが鏡で見るように子どもに示してあげます（ミラーリング）。

　この健康なミラーリングには2つの特徴があります。1つ目は「実情に随伴した contingent」，つまり子どもの苦痛の中身の実情に伴っている，即しているという点（随伴性）です。随伴性（伴っている度合い）は「高いが，でも完全ではない」くらいが良いとされています。あまりに的外れだと不快は収まりません。しかし逆にズバリ一致しすぎると，子どもはこの情動が自分だけのものだということが分からなくなり，自分の情動はすべてお母さんも共有してくれている，とか，この情動が自分のものかお母さんのものか分からなくなる，という感覚を持ってしまう恐れがあるのです。

　そこで2点目，養育者から示された感情が子ども（自分）の感情なのか，養育者の感情なのかを混乱しないように，「これはお前の感情だよ」という「標識（マーク）付き marked」で示してやらなければなりません（有標性）。その時に大切になるのが「遊び心」です。子どもが転んで痛がっている時に，親の方も感情移入しすぎてまるで自分が痛がっているかのように痛がるのではなく，「アララ，イタタタね〜」とか，「あらら，悪い椅子さんね，メッ！」などと遊び心をもって，子どもにミラーリングしてやることで，子どもが今ミラーリングされている情動が自分のものであることが自然と分かるのです。

　この「実情によく伴って，でも完全じゃない」「マーク付きの」ミラーリングはメンタライズ力を育てる治療の基本になりますので，よく憶えておいてください。

　このようにうまくミラーリングしてもらうと，子どもの身体の苦痛は徐々に低下していきます（down regulation）。ミラーリングが乳児に「行動主体」の感覚や自己コントロールの感覚という本質的に快いものを生み出すためです。すると子どもは養育者がミラーリングして返して

第3章 メンタライゼーションとは

マーク付きのミラーリング　　　　マークされていないミラーリング

マーク付き（有標性）とマーク無し（無標性）ミラーリング

くれた自分のジオラマを取りこみ・内在化して自分の中に「自分の心の状態の表象」を持つようになります。これがしっかりした「お城のジオラマ」である心理的自己です。これを持ち，育てることによって「しっかりとしたジオラマがある天守閣」に住むノブナガくん（行動主体自己）へと成長していくのです。子どもは自分の苦痛が起こるたびに，「これが空腹」「これが怒り」，もう少し年長になれば例えば「ボクは今嫉妬してしまっている」という風に自分の「身体的自己」に起きる情動に伴う何だか分からない身体的苦痛に光を当てて見わたし，「分かる」能力＝メンタライズ力を身に着けていきます。ノブナガくんがまるで実際のお城の場所と，天守閣のジオラマの該当部分を電線でつないで，お城に何かあればジオラマ上で警報が鳴るようなシステムを築き上げていくように，不快な身体感覚を伴う情動の発生（身体的自己）と自己状態の表象（心理的自己）は子どもの内的世界の中で象徴的につながっていくのです。

この「象徴的につながる」というのは，「ジオラマはジオラマであってお城そのものではない」と理解して連動していること，また，「ジオラマがお城を表象していることを理解せずジオラマだけをいじって満足してしまう」ことがなくちゃんとつながっていることだと考えてください。「象徴的につながる」＝健康なメンタライジングが育つまでにいくつかのステップがありますのでそれを紹介します。

3.2　メンタライジング発達段階「心的現実のモード」

　「心的現実のモード」とは心の中での外的現実と心理表象のつながり，「お城」と「ジオラマ」の関係についての認識の成長段階です。元来 Fonagy は基本のモードとして「心的等価モード」と「ごっこモード」の2モードを挙げていましたが，2010年のワークショップでは「目的論的モード」を加えて3つにしていました。目的論的モードは必ずしもすべての子どもが通る段階ではないけれども，BPD を理解する上では非常に重要なモード，と私は解釈しています（図3.2）。Fonagy は

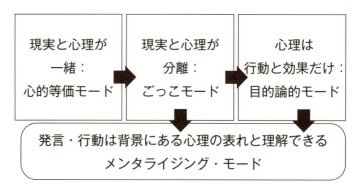

図3.2　心的現実のモードとメンタライジングの発達
乳児の頃の心理「心的等価モード」，幼児の頃の心理「ごっこモード」，若干病理的な「目的論的モード」。ごっこモードや目的論的モードを経て，健康なメンタライジング・モードを習得していくが，ピンチの時には3つの原始的モードに逆戻りする。

「メンタライズ力は一度手に入れたからいつでも使えるものではなく，状況によって変化してしまう能力なのだ」と繰り返し教えています。「モード（様式）」は，精神分析理論における「口唇期・肛門期・性器期（Phase〈独〉, stage）」のように一段ずつステップアップするものではなく，その時の心理状態によって変化しうるもの，特にピンチの時には健康なメンタライジングが難しくなり，3つの原始的モードに逆戻りしてしまうということを憶えていただきたいと思います。

(1) 心的等価モード psychic equivalence

現実（城）＝心理表象（ジオラマ）。心理表象はそれを表象している外的現実と識別されていないモード。

例えばヒデヨリくんがお城の警報システムである天守閣のジオラマの一部に異変が起こった時に，「ジオラマの故障」の可能性を考えられず，城の異変・故障だと決めつけることです。外部世界に空想を投影し，それが現実そのものと感じられるのです。第5章で紹介する投影同一視や，被害妄想などがこれにあたります。

・自分にやましいことがある時に，「みんなが怒った顔をしている」と感じる。または「みんながぼくを攻撃してくる」と確信する（被害妄想）。
・先生に男性として嫉妬を感じている時に，「先生はぼくの彼女を取ろうとしてますよね」。
・カエルが嫌いで，カエルの写真もさわれない（写真は表象の一種）。
・早期の乳児にとって「見えない」お母さんは，「存在しない」。
〔これはジオラマの例えでは説明しがたいですが，早期乳児にとってお母さんが「見える時だけ存在する／見えない時は存在しない」のは，心の中のお母さん表象が根付いていない（対象恒常性が育っていない）ことを表しており，1つの心的等価モードです〕

治療においては，「彼のあの発言はこういう意図であり，それ以外は

ありえない」など別の思考ができない姿勢も心的等価の1つに数えられます。

(2) ごっこモード[注3] pretend mode

　思考が心的表象と外的現実を橋渡しできていないモード。心の中で体験していることの現実感が欠けているため，心の存在が身体的自己を表象，反映したものではなくなっている状態。ジオラマがお城の警報システムの役割があることを省みず，ジオラマだけを飾り立ててしまう状態です。

　治療では，あたかも自己理解・内省が進んだように模範的な言葉が続きます。「先生の治療を受けて，初めて自分探しをすることができて，自分を愛せていないことが分かりました。無理にがんばりすぎていた自分に気づけました。もう大丈夫だと思います」。しかし，次の面接までの間に大きな自傷行為をして救急搬送されてしまうなど，心は言葉についていけていないのです。一見内省的な言葉は全般的傾向を表しているに過ぎず，心の実情に根差していないのです。心の治療において，ごっこモードは大きな難敵です。しっかり治療が進んでいるつもりでも本人の方は「治療者に喜ばれる患者になりたい」という欲求が大きな治療動機になっていたり，治療の場であるはずの診察室が解離症状など華々しい症状を展開して注目を浴びる舞台になっていたり。いつも治療がごっこモードになっていないか，治療者までごっこモードに加担してしまって，本当に必要な探索を怠っていないか常に振り返りが必要です。

　以上2つのモードが基本的な心的現実のモードです。心的等価モード

注3) Pretend modeは訳書によって「ごっこモード」「ふりをするモード」と訳語が異なっておりそれぞれ理に適っていますが，私は「ふりをする」には「意図的な行動」というニュアンスが強調され過ぎると捉えており，この本では「ごっこモード」を採用します。

は乳児〜3歳ごろまで見られ，ごっこモードは2歳ごろから見られるようになります。これらが統合されて，4歳以降に健康な「メンタライジング・モード」ができるようになってくるのです。

　年齢によるモードの発達が感じられるエピソードをご紹介します。私には2人の息子がいますが，5歳の長男，3歳の次男を連れてドライブをしていた時の話です。カーステレオから，「君が望むなら　たとえ火の中も」という歌が流れてきた時のことです。長男が「ほんまに火の中に飛び込む気がないんなら，そんなこと歌わんといてほしいわ」と不満そうに言いました。私が「そうか？　パパはお前たちのためならいつでも火の中に飛び込むよ」と答えたところ，横からすかさず次男が「パパ，火の中好きなん？」と訊いてきました。

　次男の発想，「火の中に飛び込む＝火の中が好き」というのが，心的等価モードです。一方の長男の発言は「火の中でも飛び込むという歌詞は，自分を犠牲にしてでも君を守りたいくらい大切に思っている，という心理の表れである」とは捉えずに，「言葉と心理が分離している＝ごっこモードである」と指摘していたのです。長男がこの時健康なメンタライジングが理解できるようになった上で，言葉が現実に根差しておらず上滑りする「ごっこモード」を批判的に見ていたのか，それともやはり比喩が理解できず心的等価モードを脱し切れていなかったのかは微妙なところです。このように幼児期は年齢によって，また各子どもによって心的現実の捉え方にはっきりしたコントラストがあり，またとてもユニークだったりします。

　わが家のエピソードに続いて，この章の冒頭で紹介した練習問題1についてもおさらいしてみましょう。

　Q. パパが今日はやたらとスピードを出して運転をしています。一緒に乗っている子どもは，「どうしてだろう？」と考えます。その疑問に対して各年齢の子どもはどんな風に考えるでしょう？

- 3歳の子なら，私の子のように「パパはスピード出すのが好きなのかな」と思うかもしれませんし，単に「楽しいな」と思うかもしれません。これは心的等価モードです。
- 5歳の幼稚園児なら，「今日は急いでいるのかな」と思うかもしれません。すこしずつメンタライズできるようになっていますがまだ浅薄です。
- 7歳の小学1年生にもなれば，多くの子は「何かイライラすることがあったのかな」と，行動の背景にある「心理」を読めるようになります。メンタライジング・モードが成長してきている証です。
- しかし，いつもパパに怒鳴られている10歳の子は，「また私がパパを怒らせるようなことをしてしまったにちがいない」と考えて怯えてしまうかもしれません。実際にはただ急いでいるだけだったとしても，そう考えると他の考えが持てなくなってしまうかもしれません。外傷的育ちにある子どもは幅広いメンタライジングができなくなり，ピンチではメンタライズ力が落ちてしまうのです。

(3) 目的論的モード teleological mode

　もう1つの基本モードである目的論的モードは上記2つと若干性質が異なり，先述のように健康な発達に不可欠な段階ではなく若干の病理性を含んでいます。欲求や情動などの心理状態は「行動」とその「実体的効果」だけで表されます。他者への期待は物質世界に限定されます。特に外傷的育ちを生きた人やBPDを理解する上では重要な基本的モードと言えます。

　第7章5節で紹介する「試し行動」がそれに当たります。当初内面の痛みを回避するために行っていた自傷行為に，徐々に「他者がどれだけ自分のために行動してくれるか」を試すという目的が含まれていきま

す。薬を大量に服用してから恋人に連絡し，すぐに駆け付けてくれるという「行動」によってだけ恋人が自分を「愛している」という感情を測定します。また，物質嗜癖にも多かれ少なかれ目的論的モードの要素が含まれています。「これだけ嫌な思いをしたんだから酒を飲まずにはいられない」「過食嘔吐をしないとがんばり続けた一日が終わらない」など，多彩な心理背景の中に物質的報酬で自らの辛さを実体に表している側面があるのです。

　治療者や支援者も目的論的モードに陥ってしまうことに注意が必要です。医師であれば診察時間の中で本人の不安が収まらないので，「薬を増やす」ということで本人が辛いということを受け止めていることを示そうとする。支援者であれば，辛さを分かっているということを示すために規定以上のサービスを提供し，それが常態化してしまうなどの現象です。

　社会においても感情が通じ合えない部分は目的論的モードで代償されている面があります。誤って被害を与えてしまった人が被害者に対してどれだけ心から謝っても，被害者がその謝罪の感情を受け止めて信じることができなければ「誠意を見せろ」などという言葉が使われたりします。この「誠意」は字義通りの「誠意ある態度や言葉」のことを指しているのではなく，慰謝料すなわち現金を持ってきて謝罪の意を表せという意味に使われます。メンタライズし合えていない見知らぬ他人同士が1億人も集まって住んでいる社会でこれはやむを得ないことで，そのために法律で慰謝料という制度が定められているのですが，メンタライズし合えるはずの親しい人同士や家族同士で，謝罪の「感情」でコミュニケーションをとることができず「物質」でしか通じない目的論的な関係は未熟で荒涼としたものと言えます。

　目的論的モードと，ピンチにおいてモードが原始的モードに逆戻りしてしまう現象がよく表れているエピソードを紹介します。

∞アキヨさん∞

　アキヨさんはまだ私が前医から引き継いで1年足らずの BPD の患者さんでした。たびたび処方した向精神薬を大量服薬していました。昏睡になって救急搬送されたこともありました。しかし大量服薬して薬がなくなったといって臨時受診して不足分の処方をしてもらう，ということが前医からの習慣になってしまっていたのです。徐々に処方する薬剤自体の量を減らしながら，「これからは大量服薬したとしても，元来の受診予約日まで追加の処方はしない（大量服薬して薬がなくなったからと言って臨時受診しても処方しない）」ことを提案し，本人も了承していました。果たして，また大量服薬し，薬がなくなったからと言って1週間早く外来に受診しました。私は約束どおり，来週の正規の受診予定日まで処方はしないと伝えました。彼女は怒り，泣きながら抗議しました。「出してください！」「出してくれないというのは，先生は私に死ねと言っているのと同じだ，死ねばいいと思ってるんだろう」と。私も一度決めた約束を簡単に取り下げるわけにはいきません。「これを処方することで私はあなたを命の危険に曝している。あなたが何とかして私に来週までの薬を処方させたとしてあなたは少しでも楽になるのか，大量服薬を繰り返してしまっている今の状況こそがあなたの今の一番の苦しみではないか」と。しかし彼女は「分かってくれていると思っていたのに私の苦しみを分かってくれない」とますます怒りを募らせていきました。はっきりとした目的論的モードです。私の立場からするとその頃精神科医が処方する薬を大量服薬することに対して，それを救急処置してくださる救急病院の先生たちから批判が高まりつつあった時期ですし，私もまだ若く柔軟さが足りなかったかもしれませんし，その上その日の外来には医学実習生が陪席していたので，原則のとおり対応する大切さを伝えなければならないという気負いがあったのかもしれません。押し問答が続くうちに，彼女はいきなり席から立ちあがり，私の後ろで陪席している女子

医学生に対して,「お前今嗤(わら)ったやろう!」といってボールペンの先を振りかざして向かっていったのです。私は何とか学生を退席させ,そのあとも話し合いを続けました。彼女の顔は真っ青に血の気が引いていました。私も少しトーンを落として本当は大量服薬の癖を止められないことについて自分でも苦しみや惨めさが募っているという思いに焦点づけ,ゆっくりでいいから治していこうという話に彼女も同意し,全部服薬しても昏睡にならない程度の量と種類だけを処方することで妥協し,その日の長い診察は終わりました。

　無論その学生が,その押し問答の緊迫した状況の中でアキヨさんのことを嗤ったはずがありません。アキヨさんにとっては,いくら主治医が長期的観点から処方しないと言っても,今日薬を出してくれないということは,主治医は私を助けてくれないのだ(目的論的モード),私は見捨てられるのだと追い詰められた感情から身動き取れない状況でした。その惨めな状況の中で,突然女学生が自分を「嗤っている」と心的現実が外的現実そのものと認識する「心的等価モード」に逆戻りしたのです[注4]。Fonagyの「メンタライズ力とは状況によって変化してしまう能力」という指摘どおり,ピンチで「モード」が退行(子ども返り)してしまうのを目の当たりにした場面でした。

　ここまで,メンタライズ力の発達,メンタライゼーション理論をつかった心の発達を見てきました。この理論が精神分析と一番違うところは,心理的自己や行動主体自己は養育者のはたらきや養育者と乳児の相互交流があって初めて生まれるという点です。精神分析には諸派によるさまざまな考えがありますが,総じて人は生まれた時から独自の内的世界や自律性を持っており,欲動を自分から投影したり,自ら次のステップに進んだり,という機能が初めから備わっていると考えています。病

注4) その女子医学生は現在タフな精神科医として臨床の第一線で活躍しています。

気の原因についても，メンタライゼーション理論では「あるべき養育を受けられなかったこと（環境因）で病気が生まれる」と考え，精神分析では大雑把に言うと「自然に踏むべきステップを達成できなかった，どこかでひっかかって止まってしまったことで病気が生まれる」と考えていることになります。しかし近年精神分析で隆盛となっている対象関係論では，病の源ともなりうる内的対象の形成に乳児期の母親の機能を非常に重視しますし，メンタライゼーション理論は対象関係論の影響も多々見られます。実際の治療においては育て方が原因か本人の気質が問題か，どちらが正しいか結論を出そうとするのは不毛です。ここまで述べたメンタライゼーションと愛着を中心にした心の発達論だけが正しいと考えるのではなく，さまざまな理論を勉強してさまざまな見方ができるようになることが大切だと思います。

Key Points

メンタライゼーションとは：
自己・他者の行為を，心理状態（欲求・感情・信念）に基づいた意味のあるものとして理解すること。メンタライズする mentalize，メンタライジング mentalizing などの形で使う。

- メンタライジングは，心の中に「心理状態の表象＝心のジオラマ」を持つことで可能になる。
- 養育者が心に子どもの心の表象を持ち，「実情に随伴して contingent」－「マーク付きで marked」－「消化された情動を」ミラーリングすることで子どもの苦痛が鎮まる。この体験をとおして子どもは心のうちに「自己の心理状態の表象」を内在化する。
- メンタライズする力の成長は，子どもの行動主体の感覚とともに，感情を制御する能力を育てる。この力の成長は子ども自身に快をも

たらす。
- 幼児は「心的等価モード」「ごっこモード」という2つの原始的モードを経て，4歳以降健康なメンタライジング・モードが根づき始める。
- 境界性パーソナリティ障害（BPD）や外傷的育ちを生きた人は，もう1つの原始的モード「目的論的モード」に留まりやすい。
- メンタライズ力は状況によって変化する能力であり，ピンチではより原始的なモードに退行する。

第4章

見捨てられ恐怖症
（外傷的育ちのトライアングル1）

　それでは，メンタライゼーションとは何を指すのか，基本の一歩を理解していただけたところで，第2章で挙げた「外傷的育ちのトライアングル」，外傷的育ちが子どもにもたらす3つの重要な影響について1つずつ見ていきましょう。

4.1　見捨てられ恐怖症が形成される神経生理学的メカニズム

　BPDの最大の心理特徴が「見捨てられ不安」です。これについて先述のDSM-5のBPDの診断基準では「見捨てられることを避けるための<u>狂気じみた努力</u> frantic efforts」と説明されています。彼らが「見捨てられる」または「別れる」と感じた時の強烈な情動反応は，思考の結果というより，もっと反射的で身体的なもののように私たちには映ります。通常の外傷後ストレス障害（PTSD）では，1回のみの災害や事故被害などの外傷を受けた後に，それと同様の状況になると外傷の記憶がフラッシュバックしたり，似た状況を避けるようになったり（回避行動）という症状が出現しますが，これも反射的で身体的なものです。私自身も昔，車道を横断しようとしてタクシーに撥ねられたことがありま

すが，その後しばらくの間アスファルトの「黒い地面」の上に立つだけで身の毛がよだつ感覚が起こって足が前に出ない，という状況が続いたことがありました。これは「また事故になる」などと考えてから恐怖感が蘇るのではなく，即座に身体が恐怖反応を現すのです。長期的に，繰り返し虐待や「見捨てられ」に曝される外傷的育ちでも，それと同様の現象が起きているものと考えられます。

第2章2節で紹介したように，最近の脳研究では幼少期に虐待的養育を受けた人では脳の中でも記憶形成に関わる「海馬」という場所の萎縮や，危険や恐怖などの警告信号を出す「扁桃体」，意思決定を行いメンタライジングを司ると目される「前頭前皮質」に異変が見られることが分かってきています。

多数の研究で，外傷的育ち（幼少期外傷）を経験した人は，人が怒っている写真や悲しい表情の写真を見せた時の脳の反応，特に扁桃体という場所の活動が，外傷体験のない人に較べて明らかに高まるという結果が報告されています（図4.1）（Cicchetti & Curtis 2005, Grant et. al., 2011）。ほかにも扁桃体と海馬・前頭前皮質の繋がりが強まる（Jedd et. al., 2015）などさまざまな報告がなされています。外傷的育ちを生きた人は人の表情の変化に反応して，「恐怖」を司る扁桃体が非常に過敏になっており，メンタライジングや意思決定を行う前頭前皮質や過去の記憶を管理する海馬からの情報で恐怖反応が起こりやすくなっているということができます。

外傷的育ちを経験した人々が「見捨てられ」「別れ」「社会的疎外」を想像させる場面で同様に脳の一部が過敏に反応するのか研究が進められています。扁桃体のほか，視床下部－下垂体－副腎皮質系の過剰反応性などが指摘されています。「見捨てられることを避けるための狂気じみた行動」が，外傷的育ちに影響された脳の変化による神経生理学的な反応であることは間違いなさそうです。

見捨てられ不安とは，「不安」と呼ぶよりもっと生理的な恐怖反応が

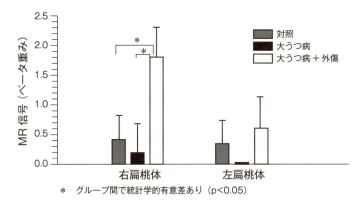

図 4.1 外傷的育ちを持つうつ病患者が他者の表情に反応して右扁桃体が過敏に働く

「悲しみの表情」写真を見せた時の脳の左右の扁桃体の活動量を計測。「幼少期外傷体験を持つ大うつ病患者」が、「外傷体験のない大うつ病患者」「対照」に較べて右扁桃体の活動量が有意に高まっている。成人、ファンクショナル MRI で測定〔Reprinted from Journal of Psychiatric Research 45, Grant M.M., Cannistraci C. et al., Childhood trauma history differentiates amygdala response to sad faces within MDD, p886-895, Copyright (2011), with permission from Elsevier〕。

起こっているというニュアンスを込めて、「見捨てられ恐怖症」と呼ぶ方がより実態に近いと考えています。

4.2　ピンチではメンタライズ力が落ちる

図 4.2 は前章で挙げた数多くの神経生理学の知見を模式図にしたもので、メンタライゼーションの書籍でもしばしば使用されるものです (Arnsten 1998, Bateman & Fonagy 2010)。このグラフはこの本の全編にわたって繰り返し引用しますので、じっくりご覧になって理解してから次に進んでください。横軸は覚醒度、つまり緊張の高さです。縦軸はその脳の部位の働き（パフォーマンス）の高さです。実線は［前頭前皮質］のパフォーマンス、思考や創造性（実行機能）を担う脳の中枢と言われる部分で、この本のメインテーマである「メンタライジング」を

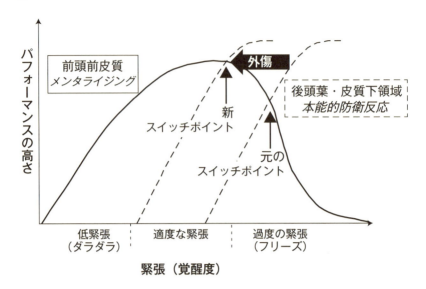

図 4.2 二重覚醒システム（Bateman & Fonagy 2010 から作成）
緊張（覚醒度）の高まりとともにメンタライジングを司る前頭前皮質のパフォーマンスは上がるが、一定以上の緊張場面になるとより本能的な防衛反応を司る後頭葉・皮質下領域が活発化する。幼少時の外傷体験によってこの領域は過敏に活発化しやすくなるため、より低い緊張度でもメンタライジングを失い、本能的な即時行動による行動を取りやすくなる。

司ると目されている場所です。この前頭前皮質は全く緊張していない場面から適度に緊張する場面にかけて徐々に活動が活発になっていきます。しかし緊張がある程度以上に高まってしまうと今度は活動が落ちてくるのです。家で入学試験の過去問題集を解いているとスイスイ解けるのに、いざ入学試験の場では緊張感が高まり過ぎてしまい解く道筋が全然浮かばなくなってしまった、などという現象は皆さん経験されているでしょう。

一方前頭前皮質に代わって活発になってくるのが点線の「後頭葉皮質・皮質下領域（扁桃体・海馬・線条体）」による本能的防衛反応です。そのうち代表的なものは「闘争・逃走反応」です。シマウマがライオンに遭遇した時、「闘うか・逃げるか」の場面でどう行動するかを

決める領域です。生きるか死ぬかの極限場面では広い視野で考えている暇はありません。前から通り魔が刃物を持ってこっちに走ってくる時に「この人はなぜこんなことをするのだろう」と慮っていては逃げ遅れてしまいます。緊張度が高まる場面では自然とこの本能的な防衛反応が高まり，実線と点線が交差する「スイッチポイント」で人間の行動を決める主導権が前頭前皮質から皮質下領域などにバトンタッチされ切り替わります。このポイントよりも高い緊張（つまりグラフ上スイッチポイントより右）の時には，メンタライジングは優先されず，「やるか・逃げるか」という素早く単純で，自動的な行動選択が優先されるのです。

　外傷的育ちの経験によって先述のように右扁桃体をはじめとする皮質下領域が過敏に働き，前節で述べたように本能的防衛反応が活発になりやすくなります。すなわち図4.2グラフ上の点線ラインが左へシフトします。その結果より低い緊張場面（ちょっとした緊張やピンチの場面）でも，「広い視野でメンタライジング」は主導権を失い防衛的な即時行動に走ってしまうのです。具体的には「闘う（攻撃する）」「逃走する（いきなりその場を去る，電話をいきなり切る）」「フリーズ（抵抗できなくなる）」，そして「とにかく愛着対象にしがみつく」などの行動が挙げられます。第3章2節で書いた，『メンタライズ力は状況によって変化してしまう能力である』，そして『ピンチではメンタライズ力が落ちる』のメカニズムがここにあるのです。図4.2グラフについて厳密にいうと，皮質下領域の過反応等により緊張（覚醒度）も高まりやすくなりますから，スイッチポイントが早く訪れる現象は，点線の左方シフト（本能的防衛反応の早期作動）と，緊張の高まりやすさ両方の影響によるということを付け加えておきます。

　私の「アスファルト・フリーズ」は半年ほどで自然になくなりました。外傷的育ちの治療・メンタライズ力をはぐくむアプローチとは，「見捨てられる・生きる場を奪われる」と感じて否応なく緊張が高まってしまう瞬間であっても「反射的な」本能的防衛反応に行動選択を任せ

てしまわず，メンタライズできる粘りを習得し，「スイッチポイント」を右へ右へと押し戻していく練習でもあるのです。

この本の冒頭（p.3）で紹介したミワさんのお話の続きです。

∞ミワの物語　つづき∞

　「解離性障害」の治療のために通院を始めた彼女は，時折破壊的な人格が現れて自傷行為や暴力を繰り返しました。通院後しばらくして人格の交代が治まっても，その日起きたことを憶えていないというエピソードや，目の前の人が話している言葉が聞こえているのに意味が全く理解できないという症状が頻繁にありました。私の前ではいつも気が強い女性でした。私の言葉に納得ができない時は，「何を言ってるんだこの医者は，と思いますね」とクールに反発しました。治療法や薬についてもよく勉強していて，私は彼女から治療についてよく説明を求められました。私の病状の説明に納得すると「うん」と，まるで映画監督が撮りたてのカットをチェックしてOKを出すかのように頷くのでした。毎回のように診察に遅刻し，また1年間ほど通院した後突然半年間来なくなる，というようなことも何度かありました。彼女はいつも誰か男性に住まわせてもらっていて，その男性の存在は自分にとって大した問題ではないような話しぶりでしたが，調子が悪くなるのは決まって彼らとの関係が不安定になった時のようでした。彼女はいつも「リストカットやオーバードーズはしないって決めてるんで。その辺はメンヘラの人とは違うと思ってて」と少し誇らしげに語っており，事実人格交代せずにそれらの行動に至ることはそれまで一度もありませんでしたが，初診から4年目，彼女は初めて致命的な量の薬を大量服用し救急搬送されました。その入院の時初めて彼女は私に「"別れ"とか"いなくなる"とかいう状況が一番苦手で瞬時に頭の中が混乱してしまう」こと，そして「自分は依存したい気持ちが異様に強いことは気づいている」ことを話してくれました。「夜の河

川敷に1人で置いておかれる夢」など何とも怖くて心細い悪夢も毎晩見ているとのことでした。あの母が特急に乗って去っていく場面のように，別れということを連想させるような場面では，内なる強烈な感情反応とともに予想もできないことが起こるのでした。そのような時の彼女はその行動を選択しているというより，「気持ちが固くなってそう行動する以外ない」という印象でした。

その後治療は進み，「別れ」への反応は例えば退院が近づくと主治医を理不尽に責めたり，瀕死の小鳥を拾ってきて，「独りにはできないから」とすべての用事をキャンセルして引きこもりきりで世話したりと，少しずつ破壊性のないものに変わっていきました。治療開始から7年ほど経ってからようやく，彼女は自分の「見捨てられ恐怖症」を自然に受け入れて話すようになり，自傷行為と解離症状はなくなりました。

彼女の自己破壊的な行動や解離という症状に，「見捨てられ恐怖症」が大きく影響していた様子をお分かりいただけたと思います。

4.3　不安定な愛着ニーズの高まり

前項で本能的防衛反応の1つとして「とにかく愛着対象にしがみつく」行動を挙げました。子どもは苦痛や緊張場面（ピンチ）になると愛着ニーズが高まります。転んでケガをしたり，いじめっ子に叩かれたりすると「わ〜ん，お母さん〜」と母のもとに帰って行きますし，保育園などへの入園からしばらくの間緊張が高まる時期，または誰かが病気で入院するなど家族の緊張が高まる時期にも「お母さんから離れない」状態が見られますのでこの点は理解していただけるでしょう。

外傷的育ちの子どもでは前節で述べたようにスイッチポイントが左方

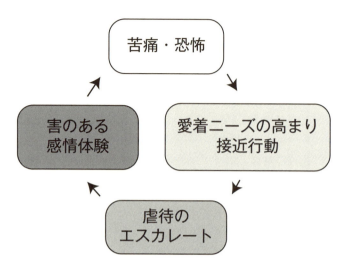

図 4.3　外傷的育ちの壊れた愛着（Fonagy, Target et al. 2000 から作成）
密室での虐待では，過敏に高まった愛着ニーズが虐待の加害者である養育者への接近行動に繋がってしまうため，虐待のエスカレート，自責感など害のある感情体験など事態の悪化を招き，苦痛を増す悪循環を形成する。

シフトしており，その分愛着ニーズは苦痛により過敏に高まりやすいと言われています。しかし虐待の加害者が養育者であった場合，図 4.3 のように愛着ニーズの高まりは悲しい悪循環を生みます。家庭という密室内での虐待の苦痛を受けた子どもは，愛着ニーズの高まりとともに虐待者である親自身に接近していくことになり，それが虐待のエスカレートという結果となり，自責感など，より害のある感情体験がさらなる苦痛・恐怖を生むのです。しかし身体的には接近行動を取ったとしても，虐待する親に心理的に接近しメンタライズすることは耐えられないほどに痛いために，心理的には逃避（メンタライジングを停止）した状態のままです。これが「両価型（逆説的）愛着」と呼ばれる裏腹な接近行動です（Fonagy, Target et al. 2000）。

　以上をまとめると，外傷的育ちを持ち大人になった人の愛着の特徴として，①愛着システムの過敏な作動，②両価型愛着が挙げられます。こ

れらに起因して,
- 知り合ってからとても親密な存在になるまでの早さ。たった1回の診察で主治医を理想化してしまうこともしばしば。
- 見捨てられることを避けるための,激しいしがみつき行動。
- 直接的な苦痛除去や援助への依存しやすさ。

などの特徴的な接近行動が形成されると考えられています。この点はこの後,「嗜癖的な対人関係」や「試し行動嗜癖」などのさまざまな行動特徴の背景として大切ですので憶えていただければと思います。

Key Points

- 外傷的育ちによって「怒りに曝される」「見捨てられる」場面などで生理学的に恐怖感・緊張が高まりやすくなる（見捨てられ恐怖症）。
- 過度な緊張や,見捨てられを予感させる場面（ピンチ）ではメンタライズ力が落ちる。そして本能的防衛反応による即時的行動をとる。
- 一般的にピンチでは愛着ニーズが高まるが,外傷的育ちの子どもでは特に過敏に高まる。しかしその外傷の加害者が主養育者であった場合,「心理的には逃避し,身体的には接近する」という両価型の接近行動が形成される。

第5章

感情調整障害
（外傷的育ちのトライアングル2）

5.1 外傷的育ちの中ではメンタライズ力が育たない

　BPDは，苦手なパターンの対人関係状況になると感情が調整できず一気に不安や怒りが爆発し種々の問題行動に直結してしまう病気です。先述のLinehanらの指摘のとおり，感情調整の障害はBPDの中心的問題です。そして第3章で見てきたようにメンタライジングは苦痛な感情を鎮めるために育ってくる能力であり，感情調整障害とはメンタライズ力が育っていない結果と考えることができます。

　図5.1を，図3.1aのメンタライズの健常な発達の図と照らし合わせていただきたいと思います。乳児からの苦痛のシグナルに対して，養育者はうまく共鳴することができず，乳児の心をリフレクトすることができません。養育者の心の中に「子どもの心のジオラマ」を持つことができないままに反応してしまいます。私が産後のお母さん方の調査を行った際，0歳の子どもを持つお母さんからお話をお聞きする中ではっきり確認できたことは（第11章参照），わが子が泣いている時に「この子がこんなに泣くのは私のことが憎いからだ」とか，「親として無能な私を責めているんだ」という思いが湧いてくるのは少しも珍しいことではないという事実でした。うつ病などの心の病気をお持ちでないお母さ

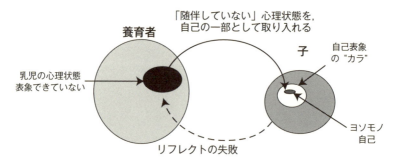

図 5.1 壊れた養育（養育者からの随伴していない・歪んだ・マークのないミラーリングまたはミラーリングの欠如）の中でヨソモノ自己が生まれる

〔Psychotherapy for Borderline Presonality Disorder by Bateman & Fonagy（2004）Fig3.3 pp89 © Oxford University Press 2004. By permission of Oxford University Press.〕

が，育児という休み時間のない 24 時間労働の中で孤独な養育環境，周囲のサポートの乏しい状況に置かれてしまうと，そのような普段思いもよらないメンタライジングをしてしまうことがあるのです。さらにお母さん自身が外傷的育ちの影響を受けていると健康なメンタライジングがより難しくなります。

そのようにうまくメンタライズできないまま養育者が感情反応を返します。実情に随伴していない，消化されていない混乱した感情，「マーク」のついていない誰のものかわからない感情，または無視などです。子どもは養育者からそのような歪んだ心理状態を受け取り，それを自己の一部として取り入れていくのです。本来なら適切なミラーリングにより行動主体自己「心を見わたす心」が生まれるところに，とても混乱した，コントロールする能力がなく無力な，心に苦痛を与える自己「ヨソモノ自己 alien self」が居座ってしまうのです（図 5.1）。

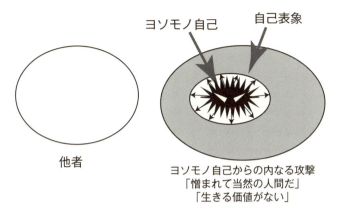

図 5.2　自己攻撃状態（Bateman & Fonagy, 2004 から作成）
内側からの攻撃は自らの身体と心に向けられる。

5.2　自己攻撃状態 self-harm state

　心を見わたす心（行動主体自己）が居座るべきコントロールタワーである天守閣にヨソモノ自己が居座ったまま大人になった人は，メンタライズできず，感情を調整することが非常に苦手です。ピンチの時，苦痛が生じた時，ヨソモノ自己はそれを調整することができず，混乱し，自分の心と身体を内から攻撃します。当事者本人たちは「私が悪い」「私は周りから憎まれて当然の人間だ」「生きる価値がない」「私は生まれてこない方がみんな幸せだった」「この愛情に飢えた醜い人間め」などさまざまな表現で自分に対する内なる攻撃を表現します。これを「自己攻撃状態 self-harm state」といいます（図 5.2）。
　この内からの目に見えない責め苦への償い・中和・または可視化ともいえるものがリストカット（手首自傷）ですが，リストカットは自己攻撃状態の後に来るもので，そのものではありません。ある女性の表現です。「子どもの時にイヤというほど裏切られる体験をしてきたから，扉を少しだけ開けた状態で人と付き合うようにしてきた。それでも時々は

扉を完全に閉めて内側から鍵をかけて,自分をフルボッコ（全力でボコボコにする）にしてた。それが一番安全だと思っていた」。彼女は顔面にいくつかのピアスをしていますが,極力リストカットも大量服薬もしません。「それをしたら負けだと思っているから」と。「自己攻撃状態」とはそばに誰もいない時にしか起こらないきわめて内面的な出来事で,その苦しみはそれこそどんな他者にも伝えられないものなのかもしれません。

　それでも償い・中和・可視化としてのリストカットをした後総じて「ホッとする」「楽にはならないけど落ち着く」といいます。自分が自分の内面を責める状態より,身体を傷つけられた痛みの方がまだまし,もしくはこの責め苦を目に見える形にして痛めつけて（ヨソモノ自己に）赦してもらう,または責める内部の自分を血とともに出してしまいたいという気持ちもあるかもしれません。一方,もう1つの代表的な自傷行為である大量服薬はこの内面から攻撃される状況からとにかく退避したいという思いからの行動である場合が多いようです。

5.3　被害者状態 victimized state（投影同一視1）

　自己攻撃状態は最も辛く苦しい状態で,そのまま居続けることは耐えきれないものです。メンタライズ力が乏しい人がピンチの時,苦痛が生じるたびに最も苦しい自己破壊状態に陥らない方法,それが「投影同一視 projective identification」と呼ばれるものです。内なる攻撃者「ヨソモノ自己」を対象に投げ込み（投影）,相手を自分のヨソモノ自己の性質そのもののような存在と認識（投影同一視）するのです。そして自分が相手に攻撃されている状況に陥るのが「被害者状態」です（図5.3）。たとえば,本当は劣等感が強いのに虚勢を張って強がっている男性が,物事がうまくいかず自分がとてもみじめな状況に陥った場面で妻に,「今俺をバカにする目で見ただろう」と言いがかりをつけたりします。

第 5 章　感情調整障害　　59

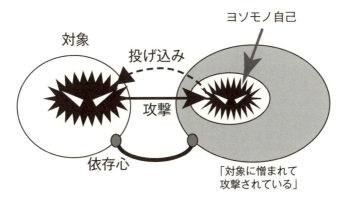

図 5.3　被害者状態（Bateman & Fonagy, 2004 から作成）
身を守るための投影同一視（投げ込み、対象をヨソモノ自己そのものと認識）。同時に、対象を嗜癖的に求める依存心と見捨てられ不安も高まっている。

　ヨソモノ自己が自分に投げかけてくる「お前なんてダメだ」という罵りが、内部からではなく他者から来たのだと認識することで、自分がバラバラになってしまうのをなんとか踏みとどまっているのです。その他にもたとえば虐待を受けて育った女性が成人した後に暴力的な男性ばかりと交際を繰り返し、DV の被害を繰り返すようなことがあります。これには多様な背景がありますが、そのうちの 1 つに、彼女が自分の中にヨソモノ自己がいるという現実に直面しなくていいように、ヨソモノ自己の役を請け負わせることができる受け皿（コンテイナー）としての対象を探し選んでしまっているという側面がみられることがあります。それどころか、精神科医への受診そのものが、潜在的にはヨソモノ自己を投げ込めるコンテイナーを探し求めての行為であるということも珍しくはないのです。
　このように投影同一視は内側からの攻撃による「自己攻撃状態」の耐えがたい苦痛を減じるために使われます。行動主体自己が育ち、健康なメンタライジングを用いて苦痛を軽減していく（第 3 章 1 節参照）ということができないため、そうして投影同一視を駆使してとにかく外に吐

き出してしまわないと，自分がバラバラになってしまう，死活問題なのです。その受け皿である対象に対して，加害者と認識しながら「彼（彼女）がいないとダメだ」と嗜癖的に求める依存心が高まり，その対象を喪失する恐怖を強く抱いていることが多いのです。

∞ユウコさん∞

　ユウコさんの自傷行為は小学校高学年の頃から始まっていました。中学校にほとんど通わなかった彼女は，不登校の生徒を受け入れる遠方の高校に入学しましたがまた不登校となり，その頃交際した彼氏に監禁されていました。彼はことあるごとに「お前は汚れている」「お前は男にレイプしたくさせてしまう女だ」などと彼女を口汚くなじり続け，ある時期から一歩も家から出さなくなりました。彼女は彼から一切の私物を取り上げられ，トイレに行くことも許されず彼の目の前で排泄させられていたのです。数か月の監禁生活ののち，彼女は何週間も着たままのスウェットシャツ姿で彼の家を脱出し，何とかして数百キロ離れた実家に逃げ帰ってきたのです。

　数年後，致命的な大量服薬や，痛々しいまでに自分の身体を切りつける症状で私の治療を受けていたユウコさんは，今交際している男性について「自分が彼を好きかどうか分からないし，彼が私を好きかどうかも分からない」と話し，その際に監禁した彼にも話題が及びました。「もちろんあの人のところに戻るなんてバカなことは絶対にしないけど，あの人が私を愛してたってことだけは今でも確信できる」と。この言葉には，たくさんの思いのかけらが詰め込まれていると思いますが，監禁した彼はその時彼女のヨソモノ自己そのもののように振る舞い，彼女は屈辱的な監禁生活という「被害者状態」の中で，自分の内面からの耐えがたい攻撃からは免除してもらっていたのかもしれません。

第 5 章　感情調整障害　　61

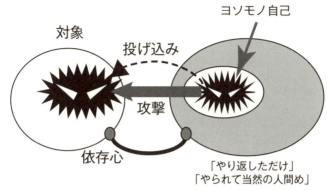

図 5.4　暴力状態（Bateman & Fonagy, 2004 から作成）
身を守るための投影同一視（投げ込み，対象をヨソモノ自己そのものと認識）。同時に，対象を嗜癖的に求める依存心と見捨てられ不安も高まっている。

5.4　暴力状態 violent state（投影同一視 2）

　もう 1 つの投影同一視はもう少し複雑です（図 5.4）。外傷的育ちの人が思春期になり恋人ができると，心の底からうれしくて「この人を大切にしよう」と思って付き合い始めるのですが，数か月もすれば「信じられない」「裏切った」と恋人を追い詰めるまで責め続けるようになってしまいます。あるいは精神科医による治療が始まり，初めは順調に，順調すぎるほどに主治医を信頼し，「やっと分かってくれる理想の主治医に出会えた」という思いまで抱いていたのが，何らかの失望，期待に応じてくれなかった出来事をきっかけに主治医に対する猛烈な攻撃，こき下ろしに転じることがあります。「これまで会った中で最低のヤブ医者，出来の悪い，心の分からないロボット」などと，出来事を主治医の不作為やミスとあげつらい，とことん攻撃します。このような時，やはり彼（彼女）は自分の中のヨソモノ自己を主治医に投げ込んでいるのです。このようなことが起きるときは大抵本人の生活上で，生きている価値を誰からも承認されないと感じてしまうような状況がある時であり，

そんな時に主治医にさえ100%味方になってもらえなかった自分は惨めで疎外された存在だ，とヨソモノ自己による自己攻撃が激しくなります。その苦痛に耐えきれず主治医にヨソモノ自己を投影し，その性質そのものの存在として主治医を攻撃しているのです。この時，本人が攻撃している投影したヨソモノ自己の性質は，自分を迫害し，繰り返し見捨てた虐待者という側面があり，それを攻撃している本人は「やり返しただけ，怒りをぶつけて当然」と感じています。もう一方で存在を否定されるような言葉の暴力，心理的虐待を受けて育ってきた人の場合は，「存在を否定されて当然のできのわるい自分」を投影し，まるで虐待者のように投影した主治医をこき下ろしているという側面もあります。後者の側面は，いじめっ子の心理に見られることがあります。いつも怒鳴られ人格を否定するような言葉を浴びている子どもが学校で同級生をいじめる。自分が浴びせられているのとそっくりの言い方で責める。この時，彼は自分のヨソモノ自己を同級生に投げ込み，それに対して親と同じように攻撃しているのです（第12章1節参照）。

　暴力状態でも同様に，投影同一視は内側からの攻撃による「自己攻撃状態」の耐えがたい苦痛を減じるために使われます。とにかくヨソモノ自己を外在化することは自分を守るための死活問題であり，暴力がまさに自己防衛と感じられているのです。やはり攻撃する対象を嗜癖的に求める依存心は存在し，攻撃しながらコンテイナーである対象を喪失する恐怖は高まっているのです。投影され攻撃された人自身も，惨めで，馬鹿にされ，価値のない人間にされたように感じ，怒り，恐怖で反応します。攻撃された人が医師や支援者であれば「一度距離をとりましょう」「これ以上は支援できません」などという形で応じてしまいがちです。しかしこれは結果としてさらに本人の中の「ヨソモノ自己」を活発にしてしまい，投影同一視に基づく攻撃はエスカレートしてしまいます。

　暴力状態になった例として，第3章2節で目的論的モードから，主治医に薬を処方してもらえないという突き放された状態で心的等価モード

第5章 感情調整障害

への退行を見せたアキヨさんのエピソード（p.40）を再び挙げます。アキヨさんは私との押し問答が続くうちに，私の後ろで陪席していた女子医学生に対して，「お前今嗤ったやろう！」といってボールペンの先を振りかざして向かっていきました。アキヨさんにとっては，いくら主治医が長期的観点から薬を処方しないと言っても，今日薬を出してくれないということは，主治医は自分を助けてくれない，見捨てられるのだと追い詰められた感情から身動きが取れない状況でした。その惨めな状況の中で，突然女子医学生が自分を「嗤っている」と認識したのです。すなわちヨソモノ自己を学生に投影し，自分を惨めにさせるヨソモノ自己そのものである学生に，そして私に攻撃を向けたのでした。これが「暴力状態」です。

　BPDの人の暴力状態の激しい攻撃の根元には自己攻撃状態があり，被害者状態と同じ心の状態があることを理解しておく必要があります。対象を激しくこき下ろしていたとしても，それは決して「上から目線」で自分を高みに置いて相手を馬鹿にしているわけではないのです（これが自己愛パーソナリティ障害と鑑別するポイントでもあります）。むしろ本人の心の中はとても惨めで卑下の心でいっぱいになっており，こき下ろして攻撃している本人自身の自己イメージも最低の泥沼にいるという理解が必要です。しかしこれを理解するのは本当に至難の業なのです。攻撃されている治療者・支援者も怒り，恐怖と，こき下ろされた惨めさや無力感の洪水に満たされているからです。「私をこれだけ叩きのめして，本人はきっと快感なんでしょう」と苦しみを口にした支援者もいました。しかしこの暴力状態が，自分を徹底的に卑下し否定するヨソモノ自己を支援者に投げ込んだ上での攻撃であることを考えると，支援者が感じさせられている惨めさや無力感は本人が日頃常に抱いている感情そのものであり，決して快感のために攻撃しているわけではないことに想像を至らせることができれば事態の打開も見えてくると思います。

5.5 どこにでもある投影同一視

　ここまで，健康なメンタライズ力が育たず，感情調整がままならないと，外傷的育ちに起因するヨソモノ自己からの内なる攻撃の不快を「投影同一視」という方法を使って排出しようとするメカニズムを見てきました。しかし，投影同一視はBPDの専売特許ではなく，誰でも知らず知らずのうちに使ってしまっていることがあります。それどころか，何か理由がはっきり分からないうちに人間関係が壊れてしまうようなトラブルの背後にはほとんど投影同一視の働きがあると言っても過言ではないでしょう。第3章の冒頭で紹介した上司と部下の例についてもう一度見てみましょう。

練習問題2

ある上司の自問です。
「私は最近，やたらと1人の部下に辛く当たってしまう。彼だけがそこまでできていないわけじゃないのに」

一方で，その当たられている部下も慮ろうとします。
「上司がやたらと僕ばかりを責める。ケンカして辞めちゃいたいけど，その前に，なんでなんだろう？」

あなたがそれぞれの立場なら，どんなふうにメンタライズしますか？

　第3章で出てこなかったメンタライジングの例を挙げてみましょう。
　上司：
　「自分が嫌で，すごくがんばって抑えようとしている部分を彼が持っているから」

「自分が嫌で，すごくがんばって抑えようとしている部分を彼が見抜いて馬鹿にしているように見えるから」

このように知らず知らずのうちに自分が投影同一視を用いていたことをメンタライズできると，不意に湧き起こる自分の不可解な感情について理解できることがあります。是非覚えて活用してください。

では一方の部下はどうでしょうか。

「上司は，上司自身が嫌いで抑えようとしている部分を僕が持っているものだから，それを重ね合わせて僕を責めずにいられないのかもしれないな」

もし彼がそんな風にメンタライズできるとしたら，彼は相当な大物になりそうですね。心理学用語ではこれを表象を持つ心の表象，メタ表象作用と言います。上司に攻撃されていて自分自身がピンチの時に，攻撃してくる相手の心をこれだけメンタライズできればそれはすごいことです。しかし，外傷的育ちの苦しみにある人・子どもを援助する治療者・支援者は，プロフェッショナルとしていくら自分が攻撃されていてもこの投影同一視をメンタライズできる必要があるでしょう。逆に投影同一視を理解していれば，不可解な人間関係のトラブルや，怒りに曝される場面でも自分を見失わずに切り抜けられる可能性が広がります。

Key Points

・BPD に特徴的な感情調整障害は，メンタライズ力の成長不足と深く関連している。
・歪んだミラーリングなどにより子どもの行動主体自己が存在すべき位置にヨソモノ自己が居座る。
・自己攻撃状態：ヨソモノ自己により「私は周りから憎まれて当然の人間だ」「生きる価値がない」と自己の内部から攻撃される状態。

最大の苦痛であり自傷行為などで中和するしかない。
・被害者状態：ヨソモノ自己を対象に投げ込み，相手を自分のヨソモノ自己の性質そのもののような存在と認識（投影同一視）し，自分が相手に攻撃されている状況に陥る状態。
・暴力状態：ヨソモノ自己を対象に投げ込み，相手を自分のヨソモノ自己の性質そのもののような存在と認識（投影同一視）し，「迫害者に反撃」または，「迫害者のようにできの悪い自己を攻撃」する状態。

第 6 章

自己承認の病理
（外傷的育ちのトライアングル 3）

6.1　ミラーリングと分離・対象恒常性の獲得

　第 3 章と第 5 章でメンタライジングが育つ養育者−子関係とうまく育たない養育者−子関係を見てきました。この話をするとお母さん方から「私はまずいミラーリングをたくさんしてきた」という反省の弁をお聴きすることがあります。ここまでの説明は「健康なメンタライジングはどうやって育つのか」「外傷的育ちの人がメンタライジングが苦手なのはなぜか」を解説するための模式図であることを改めてご注意ください。これを「常にこのように育児しなければならない」という育児マニュアルのように読んでしまうと重荷になってしまいますし，万一常に欠けることなく理想的なミラーリングを行っている親がいたとすれば寧ろそれは問題があるのではないかとも思います。ミラーリングされない時間や環境が，未処理の感情を保持しておく能力を育てるのに役立っている面もあるのです。また実際には「養育者」は母親に限らず父親，祖父，祖母，保育士など色んな個性あるミラーリングの複合体です。母親に限ったとしてもミラーリングできる時とできない時があります。仕事が立て込んでいる時，体調が悪い時，なんとなくイライラしている時にはミラーリングできないでしょう。それもひっくるめてほどよいミラー

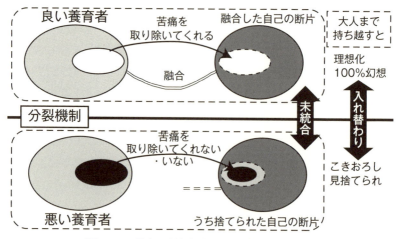

図6.1a　統合・対象恒常性獲得前の分裂機制

リング，と捉えていただきたいと思います。

　ではそういう当たり前の「波がある」お母さんを子どもはどう認識するでしょうか。心を見渡す行動主体自己が育つ前の，「身体的自己」だけの乳児にとっては身体的な不快・苦痛がバラバラにあって，それに対してオムツを替えたりおっぱいをくれたりして苦痛を取り除いてくれる母親（その養育機能）もまたその時々で別個に存在しています。うまく苦痛を取り除いてくれない母親や，苦痛なのにそこに居てくれない母親もバラバラに存在しており，それをひっくるめて「1人の母親」「自分と別個の存在としての母親」として心に存在していないのです。（分裂機制，図6.1a）そしてバラバラの母親と対をなす行動主体自己が育っていないバラバラの自己の断片たちは，良い母親と融合・一体化していてなんの苦痛もない楽園状態の自己の断片と，悪い母親とそれにうち捨てられた惨めな状態にある自己の断片がバラバラにあって統合されていないのです。

　そして徐々にほどよいミラーリングによって心を見渡す行動主体自己が育ってきます。すると母親のことも見渡せるようになってきます。ま

第6章　自己承認の病理

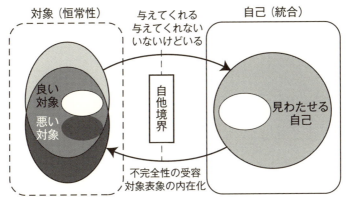

図6.1b　分離・対象恒常性・自他境界の確立

ず第一に「この苦痛な感覚を母親が同じように体験しているわけではない」という事実を発見します。すると「いくら母親でも分かってくれない時もある」ことが分かります。そして「分かって苦痛を取り除いてくれる愛しい母親と，分かってくれずに苦痛を取り除いてくれない憎い母親は1人の人間だ」という認識に至ります。この行程が，分離・自己の統合であり，対象恒常性の獲得です（図6.1b）。そこに至る前の，バラバラの母親の断片の1つであったとしても，「自分の苦痛を共に体験して取り除いてくれる母親」がいるという融合状態は子どもにとって楽園の状態です（図6.1aの上半分）。そこには「100％丸抱えしてくれる，愛してくれる母親」がいる世界です。バラバラだった母親が1人の，自分とは違う他者であるという発見はその「楽園」を失うことでもあり，分離は落胆や失望，あきらめの感情を伴うものです。対象関係論ではこの心理を「抑うつポジション」と呼びます。この落胆を乗り越えながら分離していく時期は，（各理論で幅はありますが）生後6か月ごろ～1歳半ごろと言われます。日本では全体的に離乳が遅い文化の影響もあって，2歳すぎまで分離期が続いていくように思います。

　分離を前に進めてくれる力としての第4章で述べた「行動主体の快い

感覚」や,「親のようになりたい」という憧れ・同一化があり,後ろ髪を引く力としての分離不安,楽園を失う悲しみがある中で,なぜ人は基本的に分離へと向かっていけるのでしょうか。まずは生存力をつけるために不可欠だからです。そして次に大切な点が,「養育者たちが分離を成長としてわがことのように喜んでくれる」「分離して親から離れても親からの愛情が薄れることがない」など,分離へ向かう間もそれを支持しミラーリングしてもらえるという「基本的信頼感」と「存在の無条件性」があるからです。基本的信頼感がある中で子どもは分離を前に進めてくれる力にしたがって分離・個体化へのチャレンジを重ねていけますし,親に関しても「私を一生懸命愛してくれるんだけど,時に疲れていたりイライラしていたり,理解が間違っていたり,忙しくてほったらかしだったりということもある」「私がどれだけ思いっきり甘えて,駄々をこねて求めても,これ以上のことは親にもできないんだな」と,乳児期に抱いていた「100％幻想」を捨てて親の不完全性を受容し,新しい「満足ライン」をつかむことができるのです。また,その作業によって私とお母さんは融合のない別々の人格であるという「自他境界」の感覚が芽生え,その分「心の中のお母さん」の存在は安定して恒常的な存在となります（対象表象の内在化）。

6.2　ミラーリング機能を与えられない影響（まとめ）

このように養育の場としての家庭がしっかり機能しているというのは,子どもはミラーリングしてもらえる立場に居られること,「ミラーリング機能を与えられる側」でいることができる状態,と表現しても良いかもしれません。

　この章では「ミラーリング機能」「ミラー役」がメインテーマになります。第3章1節で紹介した,養育者から乳児期の子どもへの「実情に随伴した・マーク付きの・消化された情動を映し返す養育行動」が基本

ですが，もう少し幅を持たせたいと思います。乳児期の後，幼児期に子どもの万能感を受容し，その万能感を映し返してくれるミラーリング，子どもに理想となるモデルを示して提供するミラーリングなど子どもの発達を促進してくれる養育行動などを含めてミラーリングと呼んでいきます。この考え方はアメリカのKohut H.が創始した自己心理学の用語である，自己対象（selfobject）の考え方を参考にしています。Kohutは自己対象について，「乳児が自分の世話をする母親に対して感じるような，自己に役立つべく利用される対象，または自己の一部として体験される対象」と説明し，成長の過程には適切な自己対象機能が不可欠であると述べています。この本では，できるだけ専門用語を増やさず，第3章に引き続き「ミラーリング機能」または「ミラー役」を使用していきますが，ミラーリングや自己対象についてもっと勉強したい方はKohutの著書を読んでみることをお勧めします[注5]。

さて，しっかり機能していない家庭，機能不全家庭とは，子どもがミラーリング機能を与えられる側にいられない状態の家庭と言えます。ミラーリング機能を与えられることができない養育体験を広い意味で外傷的育ちということができるかもしれません。

第5章1節からここまで書いてきた，ミラーリング機能を与えられないまま大人になることの影響をまとめてみましょう。
・メンタライズ力の育ちが悪く，感情調整が苦手なまま。
・ヨソモノ自己の発生，無条件に愛されて良いのだという基本的信頼感と存在の無条件性が乏しく，自己評価がもろく不安定で，疎外感を感じやすい。

注5) Kohutは，乳児期に愛情や保護を与えてくれる乳児的自己対象，幼児期に移ると，子どもの万能感を受容し，その万能感を映し返し（ミラーリング）てくれる鏡映自己対象，子どもに理想となるモデルを提供する理想化自己対象などを挙げています。成長の過程には適切な自己対象機能が不可欠で，それに恵まれないと，自己の発達が阻害され，さまざまな損傷をきたすとされています。

- 未分離・自他境界が脆弱：母親と自分が別の人格を持つ他者であり，自分とはどの部分も融合していないという，分離の感覚が不十分である。自他境界の感覚が脆弱である。
- 分離のプロセスが進む前の，「苦痛を取り除いてくれる母親（と融合した私）⇔苦痛を取り除いてくれない・居ない母親（と打ち捨てられた私）」が統合されずバラバラに存在する心理状態が残っている。（分裂機制）

  分裂機制を大人になるまで持ち越すと，「理想化とこきおろし」と言われるように，少し分かってくれる人には急激に接近し「すべて分かってくれる理想の対象（治療者）」と依存しますが，やがて完全ではないと分かると最低の役立たずとこき下ろし，攻撃します（図6.1aの右端）。BPDに特徴的なこの急激な対象イメージの変化は分裂機制の影響が大きく，その他愛着システムの過敏な作動・両価型愛着（第4章3節）からも影響を受けていると考えられています。また入院や複数機関によるサポートなどチームによる支援を受けている時には，例えば年長の主治医を理想化し，年若い看護師をこき下ろし攻撃するなど，別々の人に分裂した対象イメージを投影することも頻繁に起こります。これは分裂投影と呼ばれます（第10章3節を参照）。
- それに関連して，この世のどこかにすべてを分かってもらえる，融合状態があるかもしれないという「100%幻想」を捨てきれていない。

6.3 ミラーリング機能を与える側でいる影響

これらだけでも辛いことですが，外傷的育ちにはもう1つの側面があります。それは，「親のミラーリング機能を与える側でいる」ことの影響です。外傷的育ちとは，ごく早期に両親と離別した人々を除いて，

第6章 自己承認の病理　　73

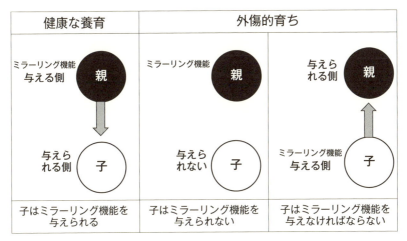

図 6.3a　ミラーリング機能の逆転

「ミラーリング機能の逆転」，すなわち受けるべきミラーリング機能を与えられない影響と，子ども自身が親のミラーリング機能を与えなければならない影響の2つの側面を併せ持っていることが多いのです（図6.3a）。

　親に子どもがミラーリング機能を与える側にいなければならないことの影響はどのようなものでしょうか。典型的な機能不全家庭，問題飲酒やDVがあるアルコール依存症男性と妻，子の家庭を例にします。実際には妻（母）が依存症者である場合も一定割合あります。夫の飲酒・暴力により妻・子は日常的に心理的危機に陥っています。第4章3節に書いたように，人間は心理的危機（ピンチ）のもとで愛着ニーズが高まりますが，この危機的状況に晒されている妻の愛着ニーズは，多くの場合苦痛が生じた時に対象からミラーリングしてほしいというミラーリング欲求の高まりとして表出されます。

　妻はピンチの中，無論夫から健康なミラーリング機能を受けることもできず，慢性的なミラーリング不足となり，満たされないミラーリング欲求を次の2つの方法で満たします。1つ目は夫からの嗜癖的な依存感

情に応える，共依存です。アルコール依存症者の飲酒やDVには多かれ少なかれ第5章で描写した自己攻撃状態や暴力状態のような心理が潜んでおり，そこには対象すなわち伴侶への嗜癖的な依存感情が潜んでいます。ひどい目に遭わせながら，命がけでしがみついている状態です。その命がけの依存を向けられた妻が，「夫の生命を維持できるかどうかは自分1人にかかっている」「夫を可哀想な状況から救いだせるのは自分1人しかいない」という形で自分の存在意義を承認する，またその存在意義に依り頼む心理が共依存です。共依存という言葉は，依存症者の伴侶として苦しんでいる人を責めるようなニュアンスで使う向きがあり近年はあまり使われず，世話を焼くことでまた嗜癖行動ができるようにしてしまう，「イネイブリング」という行動を指す用語の方が一般的に使われるようになっています。しかしその役割から逃げられない状況の中で，生命にかかわる世話役の役割に没頭し，役割による自己承認に依存してしまう心理はこのような機能不全家庭だけでなく，親の介護を1人でせざるを得ない人，生命にかかわる病気を持つ子の親にも多かれ少なかれ見られるもので，その人たちを支援する人にはその心理理解が必要です。しかしその中でもその役割に依存「し過ぎて」しまう人は，これから述べる自身に存在の無条件性が乏しい「条件付き自己承認」の心理を持つ外傷的育ちの人が多いのです。

　共依存の中にいる人にとって，共依存関係を失うことは恐怖を伴うものです。一般的に人は「自分が生きていく意義づけ」としてそれほど明確なものを持っているでしょうか。サラリーマンやOLとして働く人が会社や家庭でそれなりに役割をこなし，それなりに手を抜き，それなりに余暇を楽しみながらフツウに人生を過ごしている時に，「あなたが生きる意義は何ですか」と問われてそれほどハッキリ答えられる人は少ないでしょう。しかし共依存の中にある人は「生きる意義」を強烈に有しているのです。彼らから見てその「フツウ」は極めて頼りない状況であり，「私がいるからこの人が生きている」という意義づけをより強く，

第6章　自己承認の病理

より広く求めてしまうのです。その結果「世話する対象」が増えたり移り変わったりということになり，最も身近にいる子どもに対して「いつまでも自分が世話しなければならない存在である」という心理を持ちやすくなるのです。

　もう1つの方法は，ずばり「ピンチで高まったミラーリング欲求を伴侶以外の家族，特に子どもに満たしてもらおうとする」です。自分の親やきょうだい，友人からミラーリングしてもらえる状況であれば良いのですが，核家族や嫁いだ夫の家が閉鎖的である，また自分の家族と折り合いが悪いという状況でミラーリング欲求が子どもに向きがちになります。その実例はこの後，いくつかの「物語」にいろいろな形で登場しますが，その行動の特徴は次のようなものが挙げられます。

- 子どもが自分を慰め，世話するように仕向ける。
- 子どもが他の養育者よりも自分を最も慕うように仕向ける。
- 子どもが自分の代わりに自分の理想を叶えるように圧力をかける。
- 子どもの分離を妨げる。

これらの目的のためによく聞かれる言動は，

- あなたがいるからお母さんはお父さんと離婚できない。
- 私の言う通りにしないと，あなたはダメになる。
- どうせ私は悪いお母さんなんでしょ。
- お父さんと私のどっちの味方なの！

同様に具体的行動は，

- 思いどおりにならなければ荒れる（怒る・いじける・飲みつぶれる・暴れる・姿を消す）。
- 子どもの前で手首自傷，不規則服薬をする。
- 子どもに夫婦喧嘩の仲裁・伝言役を務めさせる。
- 子どもが思いどおりにミラーリングしてくれた時だけ子どもの存在を承認する。
- 子どもの習い事や受験に入れ込みつきっきりで応援するが，子ども

の成功で自己愛を満たしたいという欲求が強すぎる。

　これらは直接的・間接的にミラーリング欲求を満たすために子どもを利用している，子どもが自分の自己評価を高める行動・言動をするよう仕向けるという意味で，「他者コントロール行動（または単に『コントロール』）」と呼びます。依存症者である父親が母親に行っている行動も「他者コントロール行動」ですが，それは当然子どもにも及びますので子どもは両親からコントロールを受けることになってしまいます。先に挙げた実例のように，子どもへのコントロール行動は親が自分の「理想の自己」や「欠点を持つ自分」，「（自分の親に）愛してほしかった自分」を子どもに投影し，子どもの他者性を認めず自己の一部分そのものと見なしていることに起因する行動であり，その本態は投影同一視に基づいた行動であると言えます。

　コントロールされた子どもはミラーリング機能を十分に与えられないまま，幼児期から親にミラーリング機能を与える役割を担うことになります。健康に分離する機会を与えられる前の子どもにとって，親を荒れさせて失ってしまうかもしれないという恐怖はすべての行動の規範になりうるほど影響の大きなものです。第3章で見てきたように，健康な子どもは苦痛の除去，快の獲得，つまり「快・不快」が行動を決定し，「好き・嫌い」と表現しながら，学童期に近づくころから今度は「善・悪」という社会の一員としての行動規範を学び，習得していきます。この2つの行動規範は人生を通じて大切であり続ける価値観であり，その2つはうまく両立したり，両立せず葛藤したりしながら人間を成長させます。しかし外傷的育ちの人々は，幼少時から全く別の行動規範，「親を荒れさせないかどうか」で行動を決定しているのです。

　親による他者コントロール行動は，子ども自身の「マークが付いた」主体の領域であるはずの部分まで，親が「何とかできる・何とでもなる」という幻想を与えてしまうため，ミラーリング不足で行動主体自己が育たないという消極的影響だけでなく，積極的に子どもの分離を妨

げ，自他境界の感覚の形成を遅らせてしまうと言えます。子どもはその規範に従って行動することを，「それが自分の意思である」と思いこみ，「お母さん（お父さん）の幸せが自分の幸せ」と捉えている側面があります。しかし一方で多くの場合，自分の「快・不快」と「善・悪」を押さえ込み，自分のミラー役を押し付ける親に対して怒りや蔑みの感情をも内包しており，その2つがアンビヴァレンス（裏腹な感情の葛藤）を形成するのです。

　先述の本章2節の＜ミラーリング機能を与えられない影響＞を抱えた上で，＜ミラーリング機能を与える側になる影響＞を受けた子どもの心理・行動の特徴を挙げてみましょう。

　＜ミラーリング機能を与える側になる影響＞
・自分の感情を度外視している：「親を荒れさせない」を行動規範とし，自分の感情を二の次にしているため，ますます自分の心のメンタライズ能力が育ちません。我慢する，感情を抑える，感情に気づけない，というより「自分の感情を度外視する（問題にしない）」という表現がぴったり合うかもしれません。そして過剰に人に合わせ，義務や期待に過剰に応えてしまいます。
・条件付き自己承認：基本的信頼感が乏しく，存在に関する無条件の安心感を持たない中で親のミラー役として滅私奉公のように行動し，その結果「母の役に立ってくれたら」「親の自己評価を上げてくれたら」「親の感情をなだめてくれたら」という条件付きでその存在を承認されるため，「条件付きの自己承認」を拾い集めるようになります。
・報酬に頼った過剰適応（嗜癖への親和性）：この「条件付き自己承認」を，「報酬」と呼ぶことができます。役に立った時だけ承認や具体的なご褒美という「報酬」をもらうことで欠けている安定した

愛情供給を代償します。寧ろ安定した愛情供給を知らないために具体的報酬の大きさで愛情を計ろうとする姿勢が身についてしまいます（目的論的モード）。「報酬に頼った過剰適応」のバランスシートでは，すごく無理をして自分の欲求や夢は度外視し，たくさん持ち出しをして，それに対し具体的報酬を得てそれをゼロに戻します。これが嗜癖の原型になります。報酬を追い求める行動パターン，これが外傷的育ちを経験した子どもが成長して嗜癖に陥りやすい理由の１つです。次章で述べるように，アルコール依存などの物質嗜癖や過食嘔吐など行動・プロセス嗜癖に苦しむ人の中に多くの外傷的育ちを生きた人がいます。

・嗜癖的自己承認：対人関係においても「他者コントロール行動」や「試し行動」で得られる刹那的な自己承認に嗜癖しやすくなります。ある人は「私たちの承認はザルだから。いくら認めてもらってもたまっていかない」と承認に嗜癖する性質をうまく表現してくれました。共依存は「与えることによる自己承認への嗜癖」ということができます。他者コントロールにしても，与えることで自身が承認を得ていることに変わりありません。親のやり方を憎んでいながら，知らず知らずのうちに自分も成長して大切な対象である子どもに対して親と同じように振る舞ってしまう場合があるのです。これではこの項の冒頭に戻りわが子コントロールを次の世代に伝達してしまいます。一方次世代に伝達してしまうことを何より恐れ，「自分は絶対に子どもを産むまい」と決めて生きている人は多数存在します。そしてさらに成長の過程で他者との出会いに恵まれ，メンタライズ力を育み他者コントロールではない関係を築けるようになる人も多くいます。

・白か黒か・グレーを許せない：「善・悪」の社会規範を超越して子どもをコントロールする親への怒りや蔑みが潜在していると書きましたが，それをはっきり意識することは親からの見捨てられにつな

がるためになかなか意識の上にのぼりません。その分自分以外の領域にある，社会規範にもとる理不尽な状況に対してはわが事以上に激しく怒り，人が見過ごすようなグレーゾーンを許すことができません。また，行動主体自己が育っていない上に，子どもに理想の自分を投影する親による支配的養育が重なると「親に言われたとおりにやってさえいれば否定されない」と，決められたとおりに行動するという形で不安を防衛し，事細かに決められることで安心し，逆に曖昧で自由度の高い状態に置かれると不安が高まってしまいます。これも「グレーを許せない」性質の一因にもなっています。第7章2節で詳しく述べますが，この心理は強迫症状の背景にも存在します。思春期から青年期にかけて，彼らが親の支配を離れようと努力する時に確認強迫を典型とする強迫症状を発症する場合が多いのですが，これは「何回○○するというルールを守らねばならない」というルールを作りそれを頑なに守ることで「自由の不安」を避けようとする行動と言えます。

　この章では，外傷的育ちとはミラーリング機能の逆転，「ミラーリング機能が与えられない影響」と「親のミラーリング機能を担う影響」の2側面を考慮しなければならないことを説明してきました。ミラーリング機能の逆転により生じる「存在の無条件性の欠如」・「条件付き自己承認」・「嗜癖的自己承認」を，「外傷的育ちのトライアングル」の1つ，「自己承認の病理」とまとめて憶えていただきたいと思います。

　「ミラーリング機能を担う側」のことを「ミラー役」と何度か書きました。世界一有名な「ミラー役」と言えば，『白雪姫』のお話に出てくる鏡ではないでしょうか。女王が「鏡よ鏡よ鏡さん，世界で一番美しい人はだーれ？」と尋ねると，「女王様，それはあなたです」と，毎日毎日女王様のミラーリングをする鏡。私が子どものころ読んだ絵本では，白雪姫がお城を出た後，いつものように女王に「鏡よ鏡よ鏡さん，世界

第Ⅰ部　外傷的育ちの理解　〜外傷的育ちのトライアングル〜

白雪姫の母と鏡（ミラー役）

で一番美しい人はだーれ？」と尋ねられ，「それは白雪姫です」と答えた鏡を女王は叩き壊してしまったように記憶しています。外傷的育ちを生き延びた子どもは，白雪姫の母の鏡のように，「美しい母自身」を映し返している限りは自分の存在を承認してもらえるため，そしてミラーリングせずに自分自身の姿を映しだそうものなら叩き壊され捨てられてしまうという恐れのために，ミラーリングをし続けるという環境に適応する術を身につけ成長するのです。もしかしたら，長年女王のミラーリングをし続けて，最後に白雪姫を映し出して壊されたあの鏡は，最後に女王のもとを離れ自分の人生を探して城を出ていった白雪姫そのものなのかもしれません。

Key Points

・養育者からほどよいミラーリングを与えられることにより育つ行動主体自己の働きにより，「親が私のことを本気で全力で愛して認めてくれたとしても，私の人生の苦悩を丸ごと抱えて肩代わりすることはできない」という感覚を獲得する（分離・対象恒常性の獲得）。

第6章　自己承認の病理

- 外傷的育ちとは,「ミラーリング機能が与えられない影響」と「親のミラーリング機能を与える側になる影響（ミラーリング機能の逆転）」の2側面から成る。
- ミラーリング機能を与えられない影響：
  - メンタライズ力の育ちが悪く，感情調整が苦手なまま。
  - ヨソモノ自己の発生，無条件に愛されて良いのだという基本的信頼感が乏しく，自己評価がもろく不安定で，疎外感を感じやすい。
  - 母親と自分が別の人格を持つ他者であり，自分とはどの部分も融合していないという，分離の感覚が不十分である。自他境界の感覚が脆弱である。
  - それに関連して，この世のどこかにすべてを分かってもらえる，融合状態があるかもしれないという「100％幻想」を捨てきれていない。
- ミラーリング機能を与える側になる影響：
  - 自分の感情を度外視する，自分の感情を感じられない
  - 過剰に人に合わせる
  - 条件付き自己承認
  - 報酬に頼った過剰適応（嗜癖への親和性）
  - 嗜癖的自己承認（共依存・他者コントロール行動）
  - 白か黒か思考，グレーを許せない

第7章

外傷的育ちのトライアングルを
抱えて生き延びる
～非常手段のはずが嗜癖になっていく～

　外傷的育ちが子どもの心に及ぼす影響，外傷的育ちのトライアングルをここまで説明してきました。子どもは自分が育つ家庭環境を他の家庭と較べて客観視，相対化することはできません。自分の家庭が「家」であり，その環境が「フツウ」なのです。外傷的育ちの体験が治療開始からずっと後まで語られないことがあるのにはそのような背景もあります。幼少時から外傷的育ちという戦場の中で昼も夜も重いヨロイカブトを着込んで生きてきた子どもたちが，成長し大人になってもヨロイカブトが脱げなくなってしまっている，苦しみの源が今身に着けているヨロイカブトにあることさえ気づくことができない。外傷的育ちの中で大人になった人をそのようにイメージすることができます。

　この章では，外傷的育ちのトライアングルを抱えて生き延びてきた大人の心と行動の特徴について理解を深めたいと思います。外傷的育ちでの生き延び方は千差万別なので，章の内容も少し雑多な内容ですがご容赦ください。しかし共通することは危機的な環境の中，健康なメンタライジングで不快や不安を乗り越える力が育たないまま年齢を重ねた彼らは，危機的な不安を何とかして排出する手段を覚えて生き延びます。その手段が新しい苦しみを生んでしまい，それが「今の」生きづらさにつながっていくのです。適応のための行動が新しい苦しみ，症状を生むと

いう意味で、この章の副題を「非常手段のはずが嗜癖になっていく」とつけました。

7.1 外傷的育ちを生き延びる4つの適応タイプ

外傷的育ちのトライアングルを持つ人を、特に「自己承認の病理」の側から捉えた見方がアダルトチルドレン（AC）です。ACに関する書籍の中でも私が特にお勧めしたいのが『アダルトチャイルド物語』（大越，1996）で、この本は第8章のマユミさんとも一緒に読んで治療に大きく役立ちましたが、いまだに治療に使うことがあります。外傷的育ちを持つ人の心を解きほぐし、何かを語りたい気持ちにさせてしまう不思議な本です。この本に機能不全家庭で生き抜くためにACたちがとる4つの適応タイプが挙げられています。私が臨床場面で出会うとピンとくる「ヨロイカブト」のタイプをうまく分類してくれているので、それを紹介して、私なりの説明と出会った人の物語を加えたいと思います。

ACの機能不全家庭での適応タイプ（表7.1）
　①英雄・責任を持つ子ども
　幼少期は大人びた子。優秀な成績・社会的成功により家の価値を高める。称賛されるが自己評価が脆弱。受診理由は強迫症状、パニック、うつ、不適応、ワーカホリックによるうつ（燃え尽き）。
　次の章に登場するマユミさんとキヨシさんが典型的な英雄タイプと言えます。しかしすべてACと呼ばれる人は、多かれ少なかれ、またある時期までにしても英雄タイプの側面を持っていると言っても間違いではないと思います。

　②順応者・忘れられた子ども
　混乱の中でも一見それに無関心で目立たない。内気で孤立。受診理由

第7章 外傷的育ちのトライアングルを抱えて生き延びる　　85

表 7.1　AC の機能不全家庭での適応タイプ（Cruise W., Black C., 大越，崔加筆）

①英雄・責任を持つ子ども 　幼少期は大人びた子。優秀な成績・社会的成功により家の価値を高める。称賛されるが自己評価が脆弱。受診理由となる症状は強迫症状，パニック，うつ，不適応，ワーカホリックによるうつ（燃え尽き）。
②順応者・忘れられた子ども 　混乱の中でも一見それに無関心で目立たない。内気で孤立。自ら大きな決断をすることを望まない。受診理由となる症状は過食嘔吐，アルコール。
③調整役・道化役 　混乱を処理し調整する。世話役として懸命に働くが，時に道化役として緊張を緩める。受診理由となる症状はうつ・パニック，道化役の子の中に多動・落ち着きない子が見られることも。
④身代わり・暴走する子ども 　非行・薬物乱用・反社会的行動などで家の問題の中心を自分に振り替えようとする。受診理由となる症状は薬物依存，アルコール，窃盗癖，間欠性爆発性障害，虚偽性障害など。

は過食嘔吐，アルコール。

∞マイコさん∞

　マイコさんの父は大金持ちでしたが，なかば公然と不倫をしていてそれを母が咎めると「それは君が悪い」と母のせいにしていました。母はそんな生活の中でお洒落と高価なブランド品を好んで着飾っていました。彼女は表面上父とも母ともうまく付き合っていましたが，中学生の頃から過食嘔吐をしていたといいます。

　21歳の時，過食嘔吐が悪化し，私の外来に初診しました。大学生としてきちんとノルマは果たしているものの，かなりひどい摂食障害でした。

　初診の後から過食嘔吐の状況とその日の気持ちを簡単にノートに記入してもらい，2回目の診察で，そのノートを見ながらどうすれば過食嘔吐を減らせるか相談し，作戦を立てました。彼女もこの作戦なら

続けられそうと晴れやかな表情でしたが、その後1か月間パタリと受診が途絶えました。

1か月後もう一度受診したときに彼女が語った言葉です。

「過食を減らすと思うと、過食をもぎ取られる恐怖につながってしまった。冷静な時に考えていることを忘れてしまう。海の中で丸太につかまっていて、その丸太を取られるような感じ。親もいい人で彼氏もいい人なのに自分が何がそんなに頼りないのかわからない」

その後は通院を続け、後日このようにも表現しています。

「今まで"過食嘔吐が治る"と言ってしまうことは私にとって罪悪だった。過食嘔吐は私の印鑑だった」

感情を爆発させることもなく、困らせることもない。時々はSOSを出しているが周囲はそれほど深刻なことだと感じ取れません。大人になって、ひどい過食嘔吐の中でも大学生として社会適応できてしまう彼女自身も初め、もしかしたら「過食嘔吐を治せば健康になれる」と思って受診したのかもしれません。しかしいざ治す取り組みを始めると問題はそう簡単ではないことが明らかになりました。

彼女にとって過食嘔吐は外傷的育ちの中で内包された怒りや、何とか今は密室に閉じ込められてくれているヨソモノ自己の存在を証明する、「印鑑」だったのです。「忘れられた子」とは、噴き出そうとすることはないけれど、消えることのないヨソモノ自己を抱えて生きている人と表現できるかもしれません。

マイコさんはその内面を伝えてくれた貴重な人です。何らかの隠れた嗜癖行動を「印鑑」に、一度も専門医に相談することなく、または1～2度受診してもそれを語ることなく中断してしまい、外傷的育ちをひそかに抱えて生きている人は、私たちの想像よりはるかに多く存在するのではないかと思います。特に神経性過食症の症状（過食嘔吐や下剤乱用など）を有する人のうち医療機関を受診していない人の数は、受診して診断される人の10倍以上存在するとも言われます。

彼らは緊迫した家族の中で目立たず，存在を消すことで生き延びたため，大人になっても自らの問題を極力外に出したくない人であると言えます。

③調整役・道化役
混乱を処理し調整する。世話役として懸命に働くが，時に道化役として緊張を緩める。うつ・パニック，道化役の子の中にはADHDなど多動・落ち着きない子が見られる。

∞クミコさん∞
　クミコさんは，職場で突然息が止まるような恐怖感に襲われる発作（パニック発作）を起こし私の外来を受診しました。彼女は3歳の時両親が激しく口論し，父が母に怒鳴り続けていた時の夢を今も毎晩繰り返し見続けています。その場面は彼女の一番古い記憶で，彼女は一生懸命父と母の間に入ろうとしましたが，喧嘩のあと父は家を出て両親はそのまま離婚したのです。物心ついたころからその夢ばかり見て，その夢を見て目が覚めた時には「あの時お母さんを守れなかった私が悪い」と自分を責め続け，時に半日ほどの記憶がないようなことがありました。一方彼女は高校時代から友人カップルのもめごとの仲裁ばかりしていました。どう仲裁するかでいつも悩み，時には自分が一番熱くなり両者に対してお説教してしまうということもありました。周囲の友達には「なんであんたが悩んでるのよ」とあきれられていました。彼女は「そうしていないと自分の存在価値がわからない」と話してくれました。治療が進むうちにクミコさんは，父と母が離婚に突き進むまで口論をエスカレートさせていた間で3歳の彼女が，「本当は『お父さんお母さんには私のことが見えていないの？』と思っていたのかもしれない」と呟きました。しかし離婚後1人で苦労して自分たちきょうだいを育ててくれた母にそんな疑念をぶつけることはで

きず,「私がちゃんと世話できなかったせいでお母さんを1人にさせてしまって申し訳ない」という申し訳なさの蓋をもって見捨てられ不安と怒りを含んだ疑念を押し込めてきたのでした。

　クミコさんは自分を大切にしてほしいと主張することが許されない状況で,調整役として振る舞うことで自己承認を得つつ,友人カップルの仲裁をしながら父と母の仲裁をできなかった自分を救い出そうとしていたのかもしれません。ほかにも道化のように自分が「一番状況を分かっていない,空気を読めない子（人）」になることで場の緊張を緩め,マスコットのように扱われることで緊迫した関係の外に自分の居場所を確保する人もいます。無私の姿勢で場に応じた特殊な仮面（キャラ）を被ることによって家族をつなぎとめ,その仮面に合わせて成長してしまう人と表現できます。

④身代わり・暴走する子ども
　非行・反社会的行動などで家の問題の中心を自分に振り替えようとする。受診理由となる症状は薬物依存,アルコール,窃盗癖,間欠性爆発性障害,虚偽性障害など。

∞タケルさん∞
　タケルさんの両親は彼が1歳の時に離婚,その後長く母と2人で暮らしてきました。毎日のように虐待的なしつけを受け,針金で首を絞められたり,焼けた鍋を身体に押し付けられたりしていました。彼はその後「あのころ母は心を病んでいたと思う」と述べており,その頃は逃げ出したい一心だったそうです。中学生になり彼が暴力,シンナー,窃盗など非行を始めると母の虐待はパタリと止まり,「その後はまともな母親になった」そうです。彼はそれからの20年近く母に心配をかけ続けています。まるで「彼が非行によってお母さんをお母さんでいさせてあげている」ようでした。私が彼の入院担当医と

なった直前の数週間，危険ドラッグ（いわゆる脱法ハーブ）の使用が止まらず仕事も失った彼は，妻に三下り半を突き付けられ母が1人で住む実家に転がり込みました。それからの1週間彼は，いくらでも外出できたのにあえて実家の一室でドラッグに耽り続け，室内をぐるぐる回ったり，ピョンピョン飛び跳ねたりという行動を繰り返していました。その間彼は，「母は壁に耳を当てて一晩中心配していた」ことを感じ取っていたそうです。仕事や家庭を失うピンチの中にあった彼が，まるで母子関係が一番安定する形態という原点に舞い戻ったかのようなエピソードでした。

タケルさんのように，反社会的なことをし始めて虐待が止まった，親が「親」になってくれた，というケースも一般的によく見られるものです。暴走することで責任を回避できてしまう親の行動パターンを学習し真似ているという側面もあるかもしれません。彼は現在ドラッグをやめ，パパとして懸命に生きています。

7.2 解離と強迫

ACの4つの適応タイプにそれぞれ挙げた物語の主人公はみな精神的な症状を呈して私の診察室を訪れた人ばかりです。外傷的育ちを生きる子どもは日々生存の危機です。たとえ虐待による生命の危機はなくとも，存在の無条件性が乏しいという意味で常に生存の危機なのです。精神症状は特に大きな生存の危機に曝された時に現れて，精神がバラバラに崩壊しないようにある面ではその人を守ってくれます。しかしそのうちに固定化したその精神症状が自らの生活に支障と苦痛を与えていくようになるのです。そのように外傷的育ちの真っただ中や比較的若いうちに現れる代表的な精神症状が解離と強迫です。

(1) 解離

　解離とは，通常は自分の心の中でひとまとまりになっている精神（意識・思考・記憶・感情など）が，極度のストレスや強い葛藤に曝された際にその体験に関係する精神の一部分が切り離されて，精神のそれ以外の部分との連続性を失ってしまうことを言います。解離は非常に奥の深い概念であり，あまり簡潔に表現すべきではないかもしれませんが，譬えればコントロールタワー（天守閣）にいるべき行動主体自己（ノブナガくん）が天守閣から締め出されたり，手足を拘束されたりして，心を見渡したり状況を制御する力を失っている状態とイメージしていただくと良いと思います。ある体験やある時間帯の記憶が抜け落ちる「解離性健忘」，自分が自分であるという感覚が薄れる「離人症」，いくつかの精神の部分がそれぞれ複数の人格を持ってしまう「解離性同一性障害（いわゆる多重人格）」などがあります。解離性同一性障害は特に虐待，外傷的育ちの影響との強い関連性があると言われています。

∞ナミさん∞

　ナミさんは乳児期に母が急死，父がほどなく失踪したため幼少時から親戚に預けられていました。そこでは親戚の女性から掃除機で叩かれたり，腕を引っ張られて脱臼したり，鼻血を出すと「服が汚れる」と怒られ，怒られながら手で滴る血を受け続けた時のことをよく憶えていました。6歳からは血のつながりのない「養父」のもとに預けられ，養父から日常的に暴力を受けていたそうです。たぶん7歳ごろ，いつも養父の「ナミ，こっちに来い！」という怒鳴り声が聞こえると「ミヨちゃん」というお友達が出てきて「大丈夫，ナミちゃんはここで隠れていて」と言い，代わりに1人で養父のもとに行き殴られてくれたそうです。その話をしてくれるナミさんの，「ミヨが現れてくれてからは，私は電車の窓からずっと景色を見るだけのように生きてきた」という言葉がとても印象的でした。

第 7 章　外傷的育ちのトライアングルを抱えて生き延びる

∞チハルさん∞

　チハルさんの父は浮気，酒乱，母への暴力がひどく，5歳の時に母はチハルさんを連れて逃げるように遠方のアパートで暮らし始めました。チハルさんがある日まだ誰も友達がいないアパートの階段の踊り場に1人で立っていると，「キョウくん」というお友達が「一緒に遊ぼ」と話しかけてくれて，それから毎日遊んだそうです。チハルさんが20歳になった今も「キョウくん」に人格交代することがありますが，キョウくんはずっと5歳のままです。チハルさんは生父について今も「お母さんを殴るのが許せなかった，（5歳の時に）私はお母さんに別れてほしい，と言っていた」と憎しみを露わにしますが，キョウくんの性格や遊び方について聞けば聞くほど，もっと幼いころに時に優しく一緒に遊んでくれた父の性格にそっくりでした。

　BPDや外傷的育ちの患者さんのほとんどは，2人のような物語はなくとも，解離性健忘，離人症，「過食嘔吐する自分を上からじっと見ている」という幽体離脱のような体験，自分をなじるような声が聞こえる解離性の幻聴体験など，何らかの解離症状を呈しています。
　メンタライゼーションの観点から見ると，解離状態とは図4.2（p.48）のグラフで緊張（不安）が極度に高まり右にシフトし，「スイッチポイント」を越えた状態で起こる，ある程度学習された生体防御反応であると考えています。「ある程度学習された」と書きましたが，学習していなくても解離は起こります。今読んでいるあなたに今日初めて起こる可能性もあります。私の先輩の専門家の先生は，高校時代に母が急死した翌日，自転車で走っていると急に視野が針のように狭く小さくなったそうです。これは解離性視野狭窄（筒状視野）と呼ばれる症状で，外傷的育ちのない人でも極度のストレスに曝された場合に解離は突然起こります。しかし解離が常態化し，そのために精神科外来に通院するような状況になると解離はある程度学習され，極度のストレス状況でなくても起

こるようになってしまっていることがほとんどです。

　私自身は解離の治療は，解離していない時にしか進まないと考えています。平時（解離していない時）のMBTを重視し，健康なメンタライズ力を強める治療を粘り強く行っていきます。メンタライズを維持し（keep mentalizing），図4.2上で左に寄ってきたスイッチポイントを右に押し戻す力をつけることが目標です。しかし治療者への転移感情（第9章参照）が湧き起こり，治療者に対する試し行動欲求と見捨てられ不安の葛藤が極度に高まった時，「裏切られた」と怒り心頭した時，メンタライズしていく共同作業がうまくいかない（治療者自身がその時の本人の心理をメンタライズしきれていない）時，診察・面接場面で解離が起こることは多々あります。その際にはメンタライジングの続行は困難ですので，緊張のクールダウンを優先します。できるだけ力の入らない姿勢でゆっくりと座っていただき，特に呼気をゆっくりと呼吸してもらいます。人格交代した際には私はその人格の名前ではなく「あなた」と呼び，子ども扱いしないようにします。人格交代している時にMBTはできませんので，あまり興味を持ってその人格の性質について尋ねたりはせず，クールダウンを続けます。解離中は突然緊張が興奮や怒りに変わり破壊的な行動を引き起こすことがありますので，安全の確保を重視します。面接を中断して応援を呼ぶことも考慮しますが，人が集まると興奮が高まる可能性もありますので，自分1人で危険を防げるかどうか判断を要します。

　このように重篤な症状である解離ですが，治療の中では多くの場合比較的治まりやすい症状であると感じています。自分の心のジオラマを持ち，自分の心を見わたせるようになると自然と起こらなくなってきます。

　最後にロンドンの聖アン病院見学の際に，Bateman先生にMBTにおける解離の取り扱いについて質問した時の問答を私が記録したものを紹介します。

☆ Asking Dr.Bateman ☆

Q：患者が解離しやすい状態に陥っている時は，メンタライズし続けるよう求めますか？　それとも一旦話を止めてクールダウンするようにしますか？

A：この質問は面白い，解離を止めようと思ったら，その時メンタライジングを始めなきゃいけない。この質問はつまり，どうやったらメンタライズし始められるか（How to get mentalizing）という問いなんだ。メンタライジングを維持できずに，彼らはもうそれを失ってしまっている。メンタライジングを回復する１つの方法はクールダウンだ。クールダウンはメンタライジングをちゃんと始めさせてくれる。一旦会話を止めてね。昨日もグループでそういうケースがあったんだ。反社会性パーソナリティ障害のグループで，ある男性を「少し外に出ておきなさい」といって退室させた。少しでもクールダウンできたら帰ってくるように，と。しばらくしたら彼は部屋に戻ってきて話し始めたよ。クールダウンすることはとてもとても大切だ。

不安をマネージングしようとしているけどそれが高すぎる時は，（話さなきゃいけないという）プレッシャーから解放してあげて，リラックスして，仕切り直して，ちょっとの間でも席を離れてクールダウンさせてあげているよ。

(2) 強迫

　英雄タイプは，"親に言われたとおりにさえやっていれば否定されない"という法則により頼み，決められたとおり・期待どおりに行動するための（並はずれた）努力を惜しまないことで不安を防衛する子どもたちです。それは裏を返せば「親の期待に反してサボること＝自分の自由に行動すること」は存在の危機につながるほどの不安（自由の不安）を感じるということです。自由の不安を密かに抱えたまま思春期から青年

期にかけて親の支配を離れようと努力するタイミング，例えば思春期に反抗期の心理が芽生える時期や，青年期に現実に親から離れて暮らすという選択を考える時期などに，「何回○○しなければならない」などのルールを自ら作り，それを頑なに守らずにいられないという形で現れることが多いのが強迫症状です。これは自分を縛る親による支配を離れようとした時に大きく膨らんでしまう「自由の不安」を，自分で自分を縛るルールを作りそれに従うという「置き換え」「代償行動」をとることでなんとか回避しようとする心理が潜んでいると捉えることができます。玄関の鍵，窓の鍵の戸締りや，ストーブやガスの元栓など火の始末を何度となく確認してしまう確認強迫が，外傷的育ちの臨床では最も現れやすい強迫症状であると私は感じています。「自分の領域の安全を，自分で決める」という「自由裁量」をこの上なく恐れているのです。確認強迫以外の強迫症状，不潔恐怖や感染恐怖（HIV ウイルスなどに感染するのではないかという恐怖）などの強迫観念や，儀式強迫（儀式的に○○をするまでは▲してはいけない）などの強迫行為も「自分の存在が脅かされる」という形のない不安を置き換えたものであると見立てられることがあります。強迫症状のために1日1時間以上を費やすなど生活全般や社会機能に差し障りをきたし，著明な苦痛を生じていると，「強迫性障害 obsessive-compulsive disorder」と診断されます。強迫性障害は BPD に併存することの多い精神疾患として挙げられていますが，私の印象では BPD など外傷的育ちの人は強迫性障害と診断できるかどうかという軽症〜中等症の強迫症状を長年患っている人が多いようです。

7.3 非常手段が嗜癖になっていく

第5章2節でヨソモノ自己が自分を攻撃する「自己攻撃状態」の中でその苦しみを中和する非常手段が自傷行為だと書きました。他にも生存

第 7 章　外傷的育ちのトライアングルを抱えて生き延びる

図 7.3　生存のための非常手段が嗜癖になっていく

の危機の中で，生存できなくなる不安を排出するためのさまざまな非常手段を覚えます。「壁を殴って拳に血が滲んだら少し落ち着けた」「お酒を飲んだら心が軽くなって言いたいことが言えた」と。その生存の危機は毎日訪れるので非常手段は毎日必要になってきます。そのうち生存の危機かどうか分からない状況でも非常手段だけはやめられなくなってしまいます。習慣づいてしまってその行動を止められない，それが嗜癖addiction です。「不安を排出するための行動を繰り返し続ける」という意味では嗜癖と強迫は同根です。外傷的育ちと嗜癖は切り離せないものなのです。

また第 6 章 3 節で紹介したように彼らは過剰な対人緊張と，自らの労力の持ち出しを度外視した「報酬に頼った過剰適応」の中を生きており，元来その報酬の位置に嗜癖行動がはまり込むと脱することが難しい心理構造であると言えます。

生存のための非常手段が嗜癖になっていく様子を模式図にしてみました（図 7.3）。この図における 3 要素（生存のため／行動が習慣化／試し行動の利得）の配分は，人によって，また嗜癖行動の種類によって異なってきます。物質の身体依存性が最も高く，「行動が習慣化」の部分が他を圧倒していくのがアルコール依存症です。アルコール依存が形成されると，極端に言えば心が健康であっても脳が酒を求めて暴走します。もう 1 つ，過食嘔吐も行動習慣化の強い嗜癖行動です。過食嘔吐している人のほとんどは試し行動の利得は得ていません。「大切な食べ物

を吐く」という自らの行為をほとほと嫌悪し、できるだけ人に知られないようにその嗜癖行動に身を任せているのです。試し行動利得への嗜癖の要素は必ず加味されるものではありません。しかし孤立無援の外傷的育ちを生きてきた人が、100%幻想を抱かせようとするような恋人と出会って人生が変わるかもしれないという期待と、そんなはずはないという恐怖の葛藤にはまり込んでしまった時、自傷行為の一部などは試し行動嗜癖としての性質を帯びてしまうのです（本章5節を参照）。また親を支配するためという性質の試し行動嗜癖もしばしば見られます。

（1）アルコール依存

　ACの概念がアルコール依存症者の子どもの心理特徴から始まったように、外傷的育ちと非常に関連が深いと捉えられているのがアルコール依存症です。1980年代アメリカで、「アルコール依存症者の息子にアルコール依存症者が多く、娘はアルコール依存症者や薬物依存症者を配偶者に選ぶ傾向が強い」という衝撃的な調査結果が報告され（Black）、アルコールや外傷的育ちの家族研究が進んだという側面があります。依存物質としてのアルコールは身体依存性が非常に強く、ストレス対処のために酩酊を追い求めているうちに酒量が増え、依存が形成されていくのですが、外傷的育ちを持つ人の場合は「報酬に頼った過剰適応」の報酬の位置にアルコールがはまり込み、嗜癖を加速させていくのです。また、慢性のアルコール依存症者では、迫害的なヨソモノ自己を家族など近しい人に投影しヨソモノ自己そのものと認識し（投影同一視）、「お前（たち）が私を攻撃し孤立させるから、私は酒を飲むのだ」という他罰思考に頼ってしまう人が多いことも特徴です。

（2）食べ吐き（神経性過食症）

　摂食障害、特に食べ吐きは外傷的育ちの影響を受けやすい嗜癖行動（衝動行動）です。摂食障害研究の大家であるLacey H.（私のロンド

ン留学を受け入れてくださった恩師でもあります）は，摂食障害の中でも摂食障害症状に他の衝動行為，自傷，アルコール乱用，物質乱用を合併する病態を「多衝動型摂食障害 multi-impulsive eating disorder（1986）」として報告・提唱しました。彼のグループによる研究（Corstorphine et. al., 2007）では摂食障害患者の中で幼少期に心的外傷を経験している人ほど多くの危険な衝動行為を合併していると，外傷的育ちと摂食障害をはじめとする自己破壊的な衝動行動が深くかかわっていることを報告しています。

　食べ吐きとは，胃の中にある食べ物を全部吐き出すという形で不安な感情を象徴的に排出する症状です。神経性過食症は「今すぐゼロにしたい」という排出衝動の病気と表現することができます。排出してゼロにできない心の中の不安の代わりに胃袋の中をゼロにするのです。吐こうと思って食べた食べ物を吐けない状況になると急激に不安と焦燥感が高まります。対人関係においても「（モヤモヤとした不安を）今すぐにゼロにする，してほしい」衝動に抗えずなりふり構わない行動を起こすことが多く，主治医は「すぐ何とかしてくれ」と強く求められます。支援する人は本人の「今すぐゼロにしたい衝動」をすぐに満たしてあげようとせず，食べた後に胃の中に食べ物が残っているのが当たり前であるように，「腹」に少しの不安が残っていても持ちこたえられるよう援助することが重要です。

　また「報酬に頼った過剰適応」の傾向が強固であることが多く，彼女らは日々社会で極めて過剰適応な毎日を過ごしているため，本章1節のマイコさんのように「（過剰適応が治らないのに）食べ吐きだけを奪われる」ことは恐怖です。そのこともあって食べ吐きは嗜癖行動の中でもなかなか卒業できない難しい症状なのです。私は神経性過食症の治療においては，毎日緊張しながら生きている本人の報酬としての食べ吐きを「強力なクールダウン法」と捉えてまずは必要性を一緒に認めるという作業をします。その上で食べ吐きを1日1回にまとめていこう，1日1

回にまとめて生活できれば自分に OK を出してあげよう，という方向で食べ吐きを減らす援助をしています。腹に多少の不安があっても持ちこたえられる力が育ち，過剰適応の対人緊張が下がってきて，強力なクールダウン法としての食べ吐きの必要性が下がってきた時，1 日 1 回の食べ吐きをやめてみるという一歩を踏み出せるよう応援します。私の患者さんで食べ吐きを卒業できた人の 1 人のエピソードです。

∞シホさん∞

シホさんは中学生時代に容姿のことをひどくいじめられ，18 歳ごろから数年の拒食ののち過食嘔吐で苦しんでいました。27 歳ごろ就職した職場は問題ある企業で，かなりひどい働かされ方や理不尽な待遇を受けていたため，私も時に彼女に「それは店長に言えばさすがに改善してもらえるのではないか」と伝えたこともありましたが，彼女は「店長にその文句を言うくらいなら，死にます」と言って自分の主張を人に伝えることに怯え，頑なに拒んでいました。持ち前の根性でその職場で働き続けていましたが，30 歳ごろ，ふと「しっかり食べないと働いてられない」と言って過食嘔吐をやめました。それからほどなくして，遂に店長に「これ以上働けと言われてもやってられません，私は限界までがんばっているんです」と伝えることができたのです。「食べ物を吐くのをやめたら，言葉で吐きださないとやってられなくなった」と本人は苦笑していました。私は，きっと言葉で伝える力やそれでも生きられる自信が徐々に育ってきていた上で，過食嘔吐をやめる勇気が芽生えたのだろうと感じていました。

（3）拒食（制限型拒食症）

摂食障害のもう 1 つの病型，拒食症（病的やせ・摂食量不足・ボディイメージ障害・肥満恐怖など）の中でも嘔吐など排出行動がない「制限型」の拒食症については，あまり外傷的育ちの人が多いという印象はあ

第7章 外傷的育ちのトライアングルを抱えて生き延びる

りませんし，種々の研究でも制限型拒食症の発症に虐待など外傷的育ちが強く関連しているというデータはないようですが，この病気にも嗜癖の側面があります。彼女たち（女性が男性の20倍多い）は元来不確定なことや曖昧な状況に身を置くことに強い不安を感じるのが特徴で，自分の自由意思で行動を決定するということが苦手です。学童期までは親や先生の指し示す道を完璧にこなす優秀ながんばり屋さんの子どもですが，思春期に入り人間関係が複雑化し恋愛・友人関係などが決められたとおり努力しても思い通りにならないことが増えてくると，元来の「曖昧さへの不安」が強く高まり，自分が保てないような危機を感じます。そのようなタイミングでふとダイエットを始め，「努力すれば（食べなければ）確実に体重（数字）が減り，目に見える成果が得られる」という食事制限と体重減少を強迫的に追求していくことで「曖昧さへの不安」を覆い隠していくのです。制限型拒食症の嗜癖の側面の性質は「完全制御への嗜癖」と表現できるように思います。食をはじめさまざまな身の回りのことを「完全に自分で制御・統制しようとすること」への嗜癖です。「完全制御嗜癖」は体重管理から徐々に対象を広げていきます。食事内容や食事時刻，生活のあらゆる面まで完璧主義がエスカレートしていきます。さらに，冷蔵庫の中に置いておく食べ物，家族が食べる量や食事時間まで制御しようとし始め，家族を巻き込んでいきます。また，制限型拒食症の人も元来「試し行動」のつもりでやせていっているわけではありませんが，結果的に病的にやせた外見によって周囲は本人にさまざまな特別待遇を与え始めます。心配・保護・義務や競争の免除，そして母親の独占です。図らずしも得られたこれらの「利得」を手に入れてしまったことによって本人は病的やせを手放すことがもっと難しくなり，「完全制御嗜癖」は強化されていきます。

彼女たちの「強い不安を，大人の言いつけを完璧に守ることで覆い隠す」という病前の行動特徴は，英雄タイプの「親の期待通り行動すれば承認される（条件付き自己承認）」に一見似ているようです。二者を

比較して制限型拒食症の人たちの特徴は，「親に受容される基本的信頼感」でそれほど悩んでいないこと，同じ不安でも「100点から1点でも欠けると不安」という完璧主義の性質が強い不安であることのように思います。彼女らの多くは，テストで100点を取ると，「次に100点取れないと人に成績が落ちたと思われる」と不安を口にし，「100点取れない自分には価値がない」といいます。自己評価は脆弱であり，「数字」に裏打ちされていない自分の価値を認めることが難しいのです。しかし結果的に次も100点を取ります。彼女らにとって最も自力で完全制御しやすいものが体重。次が成績なのです（私を含め多くの人にとってそれらは最も制御しきれない2つです。とても不思議な病気です）。

　拒食症の拒食行動は強迫的な行動の1つと考えられていますが，他の強迫的な行動と較べると行為に伴う苦痛が少なく，自ら好んで体重減少に励んでいるように見えるため，拒食行動自体が「嗜癖」に見えてしまうという側面があります。周囲の賞賛などやせによって得られる利得が非常に大きく，やせていることに対する違和感をあまり強く感じることができず，自分で希望して病的やせに埋没していく姿が，強迫より嗜癖に見えてしまうのかもしれません。女性がやせていることを手放しで賞賛する社会の影響がこの点に大きく影響していると常々感じています。

(4) その他

　その他外傷的育ちと関連の深い嗜癖行動としては，第5章2節で触れた自傷行為・大量服薬嗜癖や，薬物依存，セックス依存，DV（パートナー間暴力）が挙げられます。これらは無論外傷的育ちが主たる原因ではなく，物質や行動（プロセス）自体の依存性，生来的な衝動制御力の大小の問題，失業や被災など大きなライフイベントなど複雑で多彩な要因が絡み合って嗜癖を形成します。しかし嗜癖を見る際にただ「意思の弱い人」と見るのではなく，外傷的育ちによる「条件付き自己承認」と「報酬に頼った過剰適応」が嗜癖の根幹に存在するのではないかという

視点で理解を深めることが大切です。

7.4 外傷的育ち・BPDと自閉症スペクトラム障害（ASD）の鑑別

　メンタライゼーションやBPDの話をすると，ASDとの関係・鑑別について必ず訊かれます。実はこれは思っているより難しいのです。近年はASDという診断を付けられて私の治療に紹介されてきた人の主診断が実はBPDであったということが増えました。再度心理テストを施行すると全くASDの傾向はなく，純粋なBPDであったというケースもありました。精神科医にASDの概念がかなり広く知られるようになったことと，精神科医のBPDに対する理解度が低下してきたことが理由かもしれません。さらに相変わらずBPDという病名には「スティグマ（差別的意味合い，汚名）」が付いて回り，病名告知の面でも近年はASDと伝えた方がBPDよりも本人や家族に受け入れられやすいという点もあるのかもしれません。私はもちろん「境界性パーソナリティ障害」ということを本人や家族にそのまま告知します。本人たちは大抵反発します。しかし外傷的育ちのトライアングルを中心に説明すると本人達はその実感があるので納得できますし，MBT的な外来診療で効果も上がり結果的には受け入れは良好です。

　幼少時にコミュニケーションの障害を持つ子どもの診断でもASDとボーダーライン・チャイルドまたは反応性愛着障害と呼ばれる状態の鑑別が難しいと言われています。外傷的育ちの中でも「母性剥奪」とも言えるほどに養育を受けることがほとんどなかった人では重症の自閉症や精神病と見分けがつかないほど重度のコミュニケーション障害を呈する例にも出会ったことがあります。また今日使用されている「自閉症スペクトラム障害」という名称から分かるように，自閉症傾向にも人それぞれグラデーション・軽重があります。その中に自閉症スペクトラムを

持ち，その上にBPDなどの病態を合併しており生活上の問題が重篤になっている人が相当数おり，重ね着症候群（衣笠）と呼ばれます[注6]。

　成人後のASDとBPDの鑑別や「重ね着」の発見は注意深く行う必要があります。ASD傾向の診断には幼少期のエピソードの聴取と知能・心理テストの施行が必要です。一方のBPDについては，見捨てられ不安とそれを防衛するための行動特徴があるかどうかに尽きると思います。端的にいえばBPDは関係に対する希求性を持っているが接近により見捨てられ不安が高まる（両価性）ためそれを葛藤し，中でも次節で説明する「遠ざかりBPD」では情緒的接近を拒絶します。ASDは接近に対する両価的感情は感じていませんので接近に関する強い葛藤もありません。個人的には『BPDは対象を意識して視線をそらす。ASDは対象を意識せず視線は通り抜ける』というような印象を持っています。

7.5　100%幻想と見捨てられ不安が生み出す対人行動

　本節では外傷的育ちを生きてきた人，特に見捨てられ恐怖症（反射的に高まる強い見捨てられ不安）を持つ境界パーソナリティ傾向の人に特徴的な2つの対人関係の持ち方の特徴について説明します。第6章で，ミラーリング機能を与えられず対象恒常性を獲得していない子は，「この世のどこかにすべてを分かってもらえる，融合状態があるかもしれない」という100%幻想と訣別せずひそかに抱えたまま年齢を重ねると書きました。ここからはそのまま大人になった人特有の対人関係パターンを模式的に今読んでくださっている「あなた」から見た他者との関係の

[注6]　重ね着症候群：18歳以上，知的障がいがなく，種々の精神症状や行動障害などを主訴に初診し，統合失調症・躁うつ病・うつ病・神経症・摂食障害・対人恐怖症・強迫性障害・境界性パーソナリティ障害・自己愛性パーソナリティ障害などと診断されるが，それらの病態の「内側」に高機能型の自閉症スペクトラムの傾向を持つ病態。

第 7 章　外傷的育ちのトライアングルを抱えて生き延びる　　103

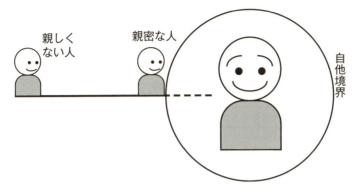

図 7.5a　自他境界の感覚を持つ人：自他境界の感覚があれば，親密な人と認識できる

視点から説明していきたいと思います。

　人の苦悩には苦悩することを代わってもらえる領域と代わってもらえない領域があり，そこには境界線，自他境界 boundary があります。(以下，単に「境界」と呼びます)。あなたの側から見て苦悩することを代わってもらえる領域は境界の外側にあり，代わってもらえない領域は境界の内側にあります。境界が見えている人＝境界の感覚を体得している人は，あなたの境界のすぐそば（すぐ外側）まで来てくれて理解してくれたり支えてくれたり，境界の内側に立ち入ることはできないけれども内側の様子を鏡で映し出したりしてくれる人のことを「親密な人」と認識することができます（図 7.5a）。最愛の伴侶であったり，親友であったり，良き理解者として愛したり信頼することができます。

　一方の境界が見えていない人＝境界の感覚を体得できていない人は実際には存在する境界が見えず，その外側と内側が連続しています。あなたの境界のすぐ傍まで来てくれて理解してくれたり支えてくれたりする人が現れた場合，それで満足できず 100％ 幻想がムクムクと膨らみます。すなわち「(もっと内側まで入り込んでくれて) 私の人生の苦悩を丸ごと抱えてくれる人がいるのではないか」という思いです。その背景

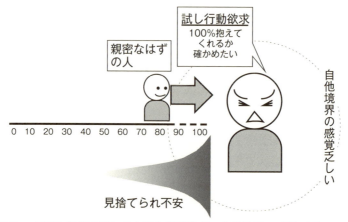

図7.5b　100%幻想の苦しみと試し行動欲求：自他境界の感覚が乏しいと，100%幻想による試し行動欲求と見捨てられ不安が同時に高まる

には「自分は親がああいう状態だったから，そのように抱えてくれる存在を得られなかっただけだ」という思いがあります。さらに，親自身がその子を「（境界を越えて）丸抱えしてくれる人」として利用しようとし，本人はその期待に応えねばならない状況の中で生きてきたのですから，それが幻想ではなく実現可能な期待であると感じるのは致し方ないことです。

同時に，見捨てられ不安を抱いています。100%への期待が膨らめば膨らむほど見捨てられる恐怖もそれ以上に膨らみます。その葛藤の苦しみから逃れるための対人関係行動は大きく2種類に分かれます。

① 100%信頼できるかどうかハッキリさせる（試し行動）（図7.5b）
② 葛藤を感じないようにその人から遠ざかる（遠ざかり）（図7.5c）

(1) 試し行動

①は「試し行動」と呼ばれる行動です。もともと第5章2節で紹介した「自己攻撃状態」のように自傷行為は他者に見せるためにするものではありません。しかし恋人ができ，恋人も「あなたのことを100%支

第 7 章　外傷的育ちのトライアングルを抱えて生き延びる　　105

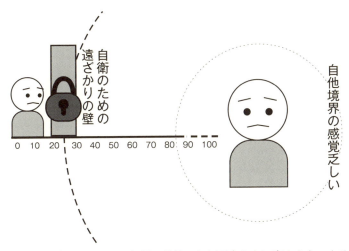

図 7.5c　遠ざかり：100％幻想，見捨てられ不安ともに高まらないために遠ざかりの壁を自作

えたい，分かりたい」というメッセージを伝えてくれると，「100％信じたい，でも見捨てられるのではないか」という葛藤の苦しみが膨らんできます。「好きな人ができ，付き合うことになった。うれしいはずなのに，私にそんな資格はないという思いとともにリストカットが激しくなった。たまらなくなり，切った手首から血が流れている写真を彼に送ったら，彼が駆け付けてくれて処置をしてくれた。自分は愛されているのだと分かってとても安心した」。そんな経験をします。でも数日するとまた「100％信頼できないのではないか」と思うような態度が気になり始めます。また不安になり，試し行動に至ります。恋人も，何とか理解したい，支えたい，自分がどれだけ愛しているかということを分かってほしいという思いで一生懸命応えますが，本人はあくまでも「欠けることのない100％」に理想を置いているため終わりがありません。徐々に本人も試し行動は一時的な満足を得るだけと感じながらそれをやめることができない「嗜癖行動」となっていきます。女性の場合「試し行動をした方が男性に愛される」「試し行動をしないと関心を持っても

らえない」と確信している人は多くいます。男性の「試し行動嗜癖」は目に見える嗜癖（物質・プロセス）とセットであることが多いようです。ブラックアウトするほど深く飲酒し，死んでもおかしくない状況に身を置き，母親や伴侶・交際女性が助けざるを得ない状況を作ります。

　お気づきだと思いますが，この試し行動は，本人たちが親から受けてきた「他者コントロール行動」（第6章3節）と本質的に同じものなのです。試す対象が恋愛対象の大人同士であれば別れて応えるのをやめることもできるでしょうが，子ども相手に試し行動をすれば，子どもが子どもであるうちにそれに応えることをやめることは極めて難しいでしょう。

　そういうこともあるので，試し行動嗜癖はしっかりと「治療課題」に挙げて取り組んでいく方が良いでしょう。試し行動嗜癖は私が出会った当事者の中でも比較的すんなり手放せた人が多く，他の嗜癖に較べ手放しやすいように思います。手放すことができた人は，「試し行動をしないと愛されないと思っていた。今はしなくても愛されるということが分かった。もしかしたら試し行動をしない方が愛される。ただ初めは気が抜けたような頼りない気持ちだった」「試し行動に相手が応えてくれたということは，相手が自分を愛していることを示しているのではなくて，単に相手が自分の言うとおりにしてくれたかどうかということでしかなかった」などと話してくれました。手放すことによって安定した関係を築けるようになるなどメリットが大きいので手放しやすいのかもしれません。

　それを支持するガイド役は，まず第一に自己破壊行動の源は「ヨソモノ自己による内なる攻撃の痛みである」ことを理解することが大切です。その上で試し行動により他者をコントロールできるという二次的な報酬が生まれ，それに嗜癖していく部分がふくらんでいってしまうのです。しっかりした信頼関係（治療関係）がある上で，自己破壊行動の主たる動機が二次的な報酬（試し行動による利得を得たい）の方に傾いて

いないか話し合います。この話題はとりあげようによっては第一の「内なる攻撃の痛み」に共感していない・過小評価していると捉えられる恐れがあります。「この苦しみがわたしの甘えだと言うんですか（わかってくれていない）」という強い怒りが湧くのです。実際にこれまで多くの人から痛みへの共感のないまま「かまってほしいからだ」と無理解な扱いをされてきたために，冷静に考えることができないからかもしれませんし，ある面では試し行動の報酬を確保しておきたいという抵抗かもしれません。

　自己破壊行動があった時，さまざまな面からメンタライジングを行い，ストーリーを紡ぎます。これは第9章4節の5ステップのステップ2にあたります。その最後に嗜癖的な試し行動が含まれていないかのメンタライジングを本人に提案してみます。試し行動の対象が治療者・ガイド役本人になっていれば，「この前のエピソードの際に臨時診察をしたんだけど，そのことは今回の行動に何か影響があるかな」など本人から治療者への感情について訊いてみます。そのほかのメンタライジングと同じように，試し行動をしてしまう自分の内なる動機についても「やめたいけどやめられない」「良い結果につながらない」など本人がさまざまな視点から言葉にできるようになれば見通しは明るいと言えます。

(2) 遠ざかり 〜遠ざかり BPD とは〜

　100% 幻想が実現できないまでも，80% ラインの人や60% ラインの人をたくさん持っておけば良いじゃないか，と思うのですがそれは困難なのです。物理学では「重力は距離の二乗に反比例する」という法則があり，例えば距離が半分になるとお互いが引き合う引力は2倍ではなくて4倍，距離が1/4になると引力は16倍という風に飛躍的に引く力が強まるのですが，100% 幻想とそれに伴う見捨てられ不安もそのような性質のもので，その存在が遠くにいる間は 100% 幻想もさして気にするほどの力ではありませんが近付けば近付くほど飛躍的に強まってい

くのです。例えば60％ラインにいた人が80％ラインのところまで来ると100％幻想と見捨てられ不安は4倍に，90％のところまで来ると16倍になり，そこまで来ると自力ではどうにもできないほどに試し行動が荒れ狂ってしまうとイメージしてください。したがって60％ラインに人を置いておくのは危険です。何かの間違いで10％，20％近付いてしまうと取り返しのつかないことになってしまうからです。ですから遠く離れた10％，20％ラインのところにすべての人を置いておきます（図7.5c）。「期待しない」「信じない」「愛されるなどと思わない」と自分に言い聞かせ，自らの依存感情を抑え込むのです。

　外傷的育ちのトライアングルを持つ人は，「遠ざかり」をキープできることがベストと認識していることが多いです。「ロボットのようになりたい」「感情をゼロにしたい」などの言葉で表現されます。「今何にでもなれるのなら，空気になりたい」と他者から見た距離感で表現してくれた人もいます。遠ざかりが徹底できている人はひっそりと人に見えない部位を自傷している場合もありますが，それもない場合はBPDと診断されないケースが出てきます。しかし隠し持つ見捨てられ不安は大きく，内面的には境界性パーソナリティと見なすべき病態です。Mastersonは「遠ざかり境界性自己障害 distancing borderline disorder of the self」という概念を記述しており，「この患者は，他者に対して情緒的に何ら求めることがなく，有効に機能し，自分自身の欲求を自覚していないかのように見えます」とその特徴を挙げています。私はこの概念（わかりやすく，『遠ざかりBPD』と呼びます）は日本において「アダルトチルドレン」が指す人々の特徴に極めて合致していると考えており，BPDとACが外傷的育ちによって作り上げられる心理行動特徴という観点で表裏一体のものであると考える根拠の1つです。

　誰しもから距離を取っているので一見「人嫌い」（精神医学でスキゾイドパーソナリティと呼ばれるものに近い）やASDのように見えますが，遠ざかりの人は防衛として，我慢して距離を取っているので，「自

分は人と距離を取っている」ということに意地になって固執しているように感じられることが特徴です。遠ざかりBPDの特徴は対人関係における遠ざかりだけではなく生き方全般に及ぶので，その特徴を挙げておきます。

> **遠ざかりBPD　特徴**
> ・**対人関係において人と距離を置く**：
> 　他者に対して何の期待もすまいとする姿勢。自分から他者に対しては見返りを求めず滅私奉公のように奉仕する場合もある。
> ・**強迫的自己低評価**：
> 　自己評価を極めて低くしておき自らを卑下する。また他者から高く評価されることを拒絶する。
> ・**自らの人生選択において能動的になるまいとする**：
> 　自分から発信して能動的に何か事態を動かそうとすることを徹底して避ける。特に他者に何かを「してもらいたい」ことは決して表明しない。
> ・上記の遠ざかりにより防衛している間は，見捨てられ不安を否認し，激しい感情の変調や自己破壊的な行動が現れないため，BPDの診断基準（DSMなど）を満たさない場合が多い。

> **Key Points**
>
> - 外傷的育ちで生き延びるためにやむなく身に付けた習慣や心理行動特徴が，大人になるにつれ苦痛を生み精神疾患や心の病的状態を引き起こしてしまう。
> - はじめは不安を排出するための非常手段だったものが嗜癖・強迫となり生きづらさを増幅していく。
> - 自他境界の感覚を体得できていない人は，「（境界の内側まで入り込んでくれて）私の人生の苦悩を丸ごと抱えてくれる人がいるのではないか」という100%幻想を手放せていないため，人との関係が深まり始めると試し行動欲求と見捨てられ不安の両方が高まり強い苦痛を生む。その状態を避けるため「遠ざかり」によって防衛する人もいる。
> - 「遠ざかりBPD」はACに近く，他者に何も期待すまいとし，人生選択において決して能動的になるまいとする。外傷的育ちのトライアングルを隠し持っているが，BPDの診断基準を満たさない場合が多い。

第Ⅱ部

外傷的育ちの治療と支援

第 8 章

分離をガイドする

　第Ⅱ部は治療と支援についてです。第 8 章ではマユミさんの物語を中心に，外傷的育ちを持つ人がどのように凍結したままの「分離」を再開していくか，その作業の中にどんな「難所」があり，どのように克服していくか，第 9 章ではメンタライゼーションに基づく治療（MBT）の 5 ステップを中心に日々の治療や支援をどのように進めるかを解説し，第 10 章では医療・保健・福祉・教育現場で，外傷的育ちを持つ人をチームで支援する 7 つのコツをご紹介します。

8.1　マユミの物語

　まず，マユミさんという女性がほぼ 10 年にわたる治療を中心とした共同作業で外傷的育ちの呪縛を脱していった物語をご紹介します。彼女が病院を初めて受診した X 年は，31 歳でした。X＋2 年から 9 年間私が主治医を務めました。この治療は MBT として行った治療ではありませんでしたが，すこし回り道をしたものの大きなメンタライズ力の成長があり，何よりも分離という作業の道筋を私たちに示してくれます。

　マユミさんの家族：マユミさんは一人っ子。母はお酒の問題が多い人でしたが，マユミさんが 20 歳のころから頻繁に連続飲酒状態になる

ようになり，X−4年からようやく近医精神科クリニックに通院，アルコール依存症と診断されその後断酒していました。母の父（祖父）は大酒家で，母は子ども時代祖父のためにいつも酒を買いに行かされていました。祖父は早世し，その後祖母が仕事をし，母は中学生のころから家事全般を担っていたといいます。

一方の父は以前は何か仕事をしていたようですが，X年ごろは無職でパチンコばかりしていました。

生育歴：マユミさんは幼少時から気分により突然威圧したり，道を手をつないで歩いていても突然手を振りほどいたりする母を恐れ，高校生の頃には「両親が事故で死んでくれたら」などと考えるようになりました。成績優秀で，自らの意思で看護専門学校から看護師として就職，就職後もきわめて勤勉でした。給料は母に勝手に管理され，そのことに疑問を述べると「当たり前だろ，親は飯炊くだけか」と凄まれたといいます。

26歳（X−5年），意を決して独居を希望したところ両親の激しい反対に遭いましたが，「ここなら独居して良い」と母が指定した実家から徒歩1分のマンションで独居を開始しました。独居後も両親に毎月かなりの額の仕送りを続けていました。独居開始後から玄関の鍵，ガスの元栓などを何十回と確認する確認強迫が出現しました。X−4年，自宅で母が連続飲酒して，頭部外傷で流血。父に助けを求められマユミさんが駆けつけると自宅は血の海でした。マユミさんは，一晩中母に「病院に行ってください，病院に行ってください」と土下座をして病院受診を懇願しましたが拒絶されるうちに過換気発作を起こします。母は過換気発作中のマユミさんに向かって「苦しいか？ その程度の苦しみ，私はいつもだ」と言い放ったといいます。その後自宅でも過換気発作が起こるようになったものの，仕事は順調でマユミさんが「職場の母」と呼んでいた上司に与えられるノルマを次々に達成し，優秀な成績をあげていました。しかしX年4月部署異動で上司が変わり，先の症状に加え抑う

郵便はがき

料金受取人払郵便

杉並南局承認

767

差出有効期間
2020年11月
30日まで

(切手をお貼りになる必要はございません)

168-8790

(受取人)
東京都杉並区
上高井戸1—2—5

星和書店
愛読者カード係 行

ご住所(a.ご勤務先　b.ご自宅)
〒

(フリガナ)

お名前　　　　　　　　　　　　　　　　　　(　　　)歳

電話　　　　　(　　　　)

★お買い上げいただいた本のタイトル

★本書についてのご意見・ご感想（質問はお控えください）

★今後どのような出版物を期待されますか

ご専門

所属学会

〈e-mail〉

星和書店メールマガジンを
(http://www.seiwa-pb.co.jp/magazine/)
配信してもよろしいでしょうか　　　　　　（ a. 良い　　b. 良くない ）

図書目録をお送りしても
よろしいでしょうか　　　　　　　　　　　　（ a. 良い　　b. 良くない ）

つ気分，不安焦燥感などが出現したため，X年8月私の前任者の外来を初診しました。31歳でした。

外来経過：X年8月〜X+2年8月
　X年8月から，抑うつ，強迫行動に対し，抗うつ薬の処方が始まりました。しかし頭痛，中途覚醒（夜中に度々目が覚める），過換気発作と無気力，抑うつ状態が徐々に悪化してきたX+1年4月から私が主治医を担当することになりました。出勤できないほどのうつ状態となり，X+1年5月，8〜12月，X+2年4〜6月と，3度休職しました。この頃彼女は「休職のことを母が知ると恐ろしいことになる」と，両親に通院，休職などを全く伝えておらず，偽の出勤予定表を作って母に見せていました。私の彼女に対する初めの印象はとても頭の良い方だが几帳面で神経質というものでした。偽の出勤予定表を作り上げてまで「しんどくて休んでいる」と言えない親子関係とはどんなものなのだろうと奇妙に感じていました。
　X+2年4月から母が彼女の部屋の修理を注文し勝手に上がりこむ，墓の管理費を出すよう要求するなど侵入的な干渉が立て続けに起こり，マユミさんは「親が死なないなら私が消えるしかない」と2度首つり自殺未遂を起こしました。同6月には職場から「今月末までに復職しなければ無給休職または退職」と通告されましたが，やはり「まずお母さんがどう思うかなと思った」と語り，職を失う恐怖は語られず，「無給休職になっても貯金を切り崩して仕送りを続けたい」とも語りました。実際このころ母は彼女に，「仕送りが止まったら私は狂ったようになる」と彼女に釘を刺していました。私は自殺の恐れが高まったと考え入院を勧めましたが彼女は拒否。そこで〈せめて母を荒れさせないためだけの生活から解放されよう〉と強く勧めたところ，マユミさんは初めて両親に向けて，通院，休職，仕送りをやめたいことを手紙で伝えました。それに対し母からは受け入れる内容の返事が届いたことで抑うつ等が一旦

改善，復職しました。この一連のエピソードにより私は，母への恐怖がマユミさんのすべての行動を規定しており，母の支配に対して徹底的に回避するということが彼女が生きるすべになっている，皮肉な言い方をすれば「（通常とは反対の意味で）母が彼女に生きる意味を与えている」と考え始めていました。

X+2年8月，突然欠勤し，大量服薬して救急受診・臨時受診を繰り返すようになりました。初め悪化の原因は何も思い当たらない，と言っていましたが，2週間以上経過したころ，悪化の前に両親から電話があり，「60万円貸してくれ」と金の無心をされたため，電話を切り即座にお金を引き下ろし実家に行き手渡した後，その出来事を「バチッと」忘れてしまっていたことを想起し，語りました。強いストレス下で出来事を忘れてしまう，「解離性健忘」という症状だと思われました（第7章2節参照）。彼女は，手紙の件で親が変わってくれるのではという期待がはずれ，強い孤独に陥っている，と話しました。職場から強制的な無給休職を指示されたあと，3度目の首つり自殺未遂があり，診察でも「もう生きる理由が見つからない」というため再度入院を提示したところ，本人も同意し入院となりました。

1回目の入院：X+2年8〜10月
①入院第1期　生活歴の想起とそれに反応した行動化

「うつ病」との診断のもと，入院治療を始めました。入院に際して，私は彼女から「生命を預けられた」ような責任の重さを感じていました。「生きる理由が見つからない」というマユミさんに「生きる理由」として治療しているという実感を持ってもらわなければいけない，という思いでした。マユミさんが外傷的育ちを生きてきた人であることははっきりしており，外傷的育ちのトライアングルに影響された行動・対人パターンをたくさん持っていましたが，非常に防衛的で，自分の親に対する感情のメンタライジングや親の感情に対するメンタライジングを

頑なに避けていました。入院という守られた環境で少しずつでもこの数年の大変な時期を振り返って理解を深め，自身が持っている外傷的育ち特有の物事の捉え方や，極端な行動・対人関係パターンを修正していけるようにしましょう，と話し合いました。そしてそのお伴として，第7章1節で紹介した『アダルトチャイルド物語』(以下，教本) を一緒に読んでいくことにしました。この本はたくさんのAC，外傷的育ちを生きた人たちの物語が紹介されていて，これまでずっと自分のマンホールの蓋の下に感情を押し込めていた人も，ふと口を開いて自分の話をしたくなってしまう，不思議な本なのです。マユミさんは読み始めてすぐにこの教本に共感し，「当てはまりすぎて恐い」と語りました。自分がACのタイプ，『英雄／責任を背負う子どもタイプ』〔表7.1（p.85)〕であり，看護師の仕事への取り組み方もワーカホリックだった，と回想しました。「私には『家族』が欠けているのを埋めようと仕事に没頭したが，どれだけやっても満足感がなかった」と語っていました。教本を読み進めると同時に，幼少時からの親との間のエピソードを数多く想起していきました。初めに紹介したX-4年の母の連続飲酒時のエピソードが面接で初めて語られた頃から不安が高まり，8日目，手持ちの鎮痛薬を大量服薬しました。それまでマユミさんが心のマンホールの蓋の下に押し込めていた（これを心理学用語で"隔離"と言います）母の支配的干渉に関する記憶や，それに伴う恐怖感を再体験し，よみがえった感情に対処しきれなかった末の行動化と考えられました。そこで，診察回数を増やし，病棟スタッフのチーム連携を強め，鎮静効果のある薬を増やすことにしました。

②入院第2期　外傷的育ちの影響を受けた行動特徴を理解し，変えていく

23日目，診察で「編み物にのめりこんでいることに気づいたが，どうしてもやめられないので道具一式を捨てた」といいます。この出来事

の背景にある自分の感情についてメンタライズしていくと，ACに特徴的な『のめりこみ』に加え，「一式を捨てる」という行動の奥に『全か無か思考』があることを実感し，それに対して自分でさまざまな対処法を工夫するようになりました。

　また，母が彼女に行ってきた支配的干渉，『他者コントロール』の手法をどんどん挙げ，母がどんな気持ちでそうするのか，またそれを受ける自分自身の心理について，メンタライジングを進めました。すると自身の心理について「母と接触するとしばらくしてバチッと忘れて，診察直前に思い出す。何の感情も湧かないので，自分では割り切っていると思っていた」と語り，母の干渉行動があった時に，恐怖感，怒りを重たいマンホールの蓋の下に隔離して，すぐに・やり過ぎなまでに対応してしまうが，隔離した感情が重たくてその後だんだんうつが悪化してしまう，という心のパターンを明瞭にしていきました。これに対して，「まず隔離することなく自分の感情を感じよう，その緊張を緩和する努力を行った後，母の干渉に対する対応を考え，自分のタイミングで行動する」という作戦（対処行動）を自分で考案し，今度チャンスがあれば使うことにしました。何かあった時，「今の」自分の不安や緊張感はどのくらいなのかを把握するのが苦手な彼女は，「不安メーター」という可愛い紙の定規のようなものを作り，それをいつも自分のノートに挟んでいました。

不安メーター										
0	1	2	3	4	5	6	7	8	9	10
青信号						黄色信号		赤信号		

　そのチャンスはすぐに訪れました。27日目，入院を知らせずにいた母が突如病棟詰所に押しかけ，「面会謝絶」を伝える看護師に面会を求めて長時間食い下がったのです。母は何とかこの日は帰りましたが，マ

ユミさんはこれを察知し，全身を震わせ不安が極めて高まりました。もちろん不安メーターは「10」でした。呼吸をゆっくり吐きながら少し感情をクールダウンし，私の見守りのもとで少しずつメンタライジングを進めていきました。今「怖い」ということ，「どうして怖いのか」「母がどんな気持ちで病棟に来たのか」についてゆっくりと見渡していきました。彼女は自分が落ち着いてきたことを確認して，母に直接電話し，自分が自分のために入院している事情を説明し，「今は干渉してほしくない」ということを伝えることができました。これまでの「感情を押し込めて即座に対処する」ではなく，初めて自らの恐怖感を見据えた上で対処行動を行えたことにより，マユミさんの不安，抑うつはこの後劇的に軽減，その後は両親に自ら電話し，治療について伝えたりするようになりました。電話の回数が増えるにつれ，「恐れていた母がこんなに小さい人かと思うと笑えた」と語り，母への嫌悪，恐怖が小さくなり，「なーんだ」という幻滅に変質しているようにも見えました。薬はその後半分以下に減り 45 日目に退院となりました。

退院後，分離のうつ：X＋2 年 10 月〜X＋3 年

退院後順調に生活していましたが，11 月に意外な出来事がありました。実家に行くと両親が 2 人で黙々と内職していました。その様子を見て「安心した」のですが，帰宅してからだんだん不安が高まり退院後初めて過換気発作が再燃したというのです。診察では「何もしたくない」「置いていかれている」とつぶやき，何も気力が湧いてこない様子でした。彼女は診察室を出る時に，「あの，生きててもいいんでしょうか」と尋ねました。私はとっさに「うーん，この状態が自由というもんじゃないかなと思う」と応じてその日は終わりました。少し心配した自傷行為もなく，翌週の診察でメンタライジングを深めていきました。マユミさんのすべての行動はこれまで母の意図とそれに対する彼女の拒絶感・恐怖感などの感情によって規定されてしまい，結果的に「母を荒れさ

せない行動をすること」や「母に知られないこと＝荒れさせないこと」が行動を決定する因子になっており，「結局母とのことが自分の行動を決めていたんじゃないか」と彼女は話します。先週の「生きていいのか」の問いは，母への恐れが消えて解放された結果,「何かをがんばる理由（彼女にとっては生きる理由）が見つからない」「親に置いていかれた」気持ちになっていたのだ，と気づくことができました。彼女は「先生はこれが自由と言ったけど，自由は誰のせいにもできない……」と言い,「今，父と母のことは好きでも嫌いでもなくボヨーンとしてる」と話して診察は終わりました。

　私は，彼女が縁を切らんばかりに避けてきた母に対して,「置いていかれている」という感情を持っていたことに驚きました。彼女ははっきりと母に「依存」する感情を持っていたのです。自分から分離を決め，それを伝え，親にそれを受け入れられたのですが，彼女の心の中の「子ども」は，母に置いていかれる恐怖を感じていたのです。しかし,「置いていかれるのは嫌だ」ではなくただ「置いていかれている」と懸命にその場に踏みとどまり，今彼女のミラー役を務める私に「生きていいのでしょうか」と尋ねたのです。それも破壊的な行動化でそれを確かめようとするのではなく言葉で，そして診察室を立ち去る際に。彼女は何の気力も湧かない中で，この分離だけは成し遂げようと必死にその場に立っていたのです。

　X＋3年1月，再び親から50万円の無心が来ました。事情を聞き必要額を渡しましたが，しばらく「モヤモヤした」ため，2日後再度言い足りない気持ちを伝えたところ，直後に心の霧が晴れ,「対処法は魔法だ，と思った」と喜びました。感情を隔離する蓋を自ら開いて対処する「快」を感じ始めていました。

退職，母の死：X＋3年〜X＋4年

　うつを脱したマユミさんは復職を目指せるようになり，4月に復職し

ました。しかし職場での上司の無理解な発言を被害的にとらえ，自分の心の中に湧いている怒りの感情に気づくことができず，記憶がなくなり（解離性健忘），気づくと自分の首に絞めた跡があるということがあり，ほかにも不規則服薬するということが何度かありました。その度に振り返りのメンタライジングを行い，心のストーリーを紡ぎました。彼女自身は，「やはり承認してもらいたいという気持ちが強い」「自分に関係なくても，正しいことが行われていないということが許せない」など自らの心の癖に気づいていきました。ただ，親とのやりとりで「生きる意義を失う」ことはもうありませんでした。親からの金銭要求はエスカレート，言いたいことを言うようになったマユミさんに対し両親は「お前が出さないなら，お前んとこにサラ金の取り立てが行くんやぞ」など脅迫の度合いを強めていきましたし，父が自殺するために車でダムに突っ込もうとして警察に保護され，彼女に対し身元引受を求める連絡がきたこともありました。

　その1つ1つに彼女もダメージを受けていました。X+4年3月，有給休暇が尽き退職することになりました。無職になった彼女に対しても両親からの脅迫的な無心は続いており，やむなく多額のお金を渡したこともありました。父は知人に借金しており，返済の催促に対して「娘が退職したからその退職金で払う」と伝えたと聞かされました。無職になった彼女は「人との関わりがなくなると他者評価がなくなり，自己評価が下がるのでこうやってひきこもりになっていくんだな」と話していました。8月，母からの無心に「私だって失業中だ」と伝えると，母は「少し安心したわ，あんただけ順調なのは許せない」と答えたそうです。それが母との最後の会話になりました。翌9月，その母が突然自殺しました。彼女のその直後の言葉は，「これだけ辛いことに耐えて生きていかなきゃならない。どうやったら許してもらえるのか」でした。母の死後，父からの金銭要求は常軌を逸したものとなり，また父と親戚でもめ事となり親戚からのかなりひどい行為もありましたが結局彼女がそ

の尻拭いをすることの繰り返しでした。

2回目の入院　X＋5年〜X＋10年

　年末からアルバイトを始めたこともあり，X＋5年初めから彼女の希望で診察を隔週にしましたが，2回目の診察で彼女はうつ的でした。薬を増やそうかと言っても無言のままで緊張感や混乱が高まった様子でした。翌週には「他者評価がないと生きられなくなっているから自分でがんばろうと思ってたけど」と，治療や私からのミラーリングに依存的になっていたために一念発起して隔週診察を申し出たことを語りました。後に説明する彼女が親との間で体験した「見せかけの分離から空虚うつ」という道筋を，私との間でも繰り返す形になったのでした。まだ混乱し，今後の道筋も見失っている状態であったため，私から再入院を提示しました。2月から2か月間の予定で再入院し，治療は私との転移関係のメンタライジングが主なテーマになっていきました。「私の自殺行為は，'寂しい'の表れだった」という内容の『自殺依存』という本を読んだ話をして，彼女自身の自己破壊行動が混乱した感情から逃げるためだけでなく，「試し行動」の意味がなかったのかと考え始めます。「生活があまりに診察がある木曜日中心に回っていた。自分がこれでいいと思ったらこれでいい，というのが乏しい」ともう一度分離の欲求について話し合いました。私自身もこの時期，診察を隔週にすることの申し出や，入院を提示せざるを得なかった診察など，彼女の依存と分離欲求の強い葛藤を前にして迷ったり焦ったりするばかりで進むべき道筋が見えていませんでした（現在ならその場で起こっていることについて「一貫してメンタライズしつづける」ことを外傷的育ちの感情と行動の嵐を解決する唯一の策として治療します）。とりあえず，「2週間休養，2週間問題の整理，後の1か月は徐々に行動を開始」という入院期間の見込みを提示したのですが，彼女にはそれが「そのとおり行動しないと主治医に承認されない」と捉えられたようです。主治医の意を汲んでがんばっ

て自宅外出したが評価（承認）してもらえず不規則服薬したということがありました。彼女は「キーッとなっているのは分かったが，何にキーッとなっているか分からなかった。どうすれば自分の気持ちが分かるんだろう」「自分で自分を承認できるようになりたいが，引き出しの底がない。しまってある物を出して確かめることができない」と，感情のメンタライジングの苦手さや，承認欲求の対処に悩み続けながら，少しずつ感情をメンタライズしてから行動を始めるということができていきました。そんなころ，同じ病室に小学生の拒食症の女の子が入院してきました。その子がお母さんと仲良くしている場面を見て，「よく考えたら子どものころ，私もお母さんが好きで離れなかったな」と初めて母との関係の温かい部分を言葉にしました。母と，自分の母への思いの最後の弔い作業にもなりました。その頃から主治医に承認してもらいたいのにしてもらえないというイライラは収まり，3か月で退院しました。

　退院後は看護師として新たな場所に就職，彼女と同じように母親と距離をとっている男性とつかず離れずの恋愛関係を築きながら過ごしました。X＋6年以降不規則服薬はありませんでした。その後，今の人生について「自由すぎること，責任が多いことが大変。良く考えたら今までは父がこうだから，母がこうだからできないと人のせいにしてきた」と話しながら徐々に診察間隔を広げていきました。X＋10年3月，私が別の病院に移籍するにあたり，新しい病院には通院しないことを決め，私との治療関係は終了しました。その年の夏，父が病気によって亡くなったことを電話で知らせてくれました。

8.2　キヨシ・あかりの物語

　あと2人の分離を巡る物語を読んでいただければと思います。

(1) キヨシの物語

　キヨシさんは兄と2人きょうだい。父は酒乱で，母を殴ることもたびたびで，そのため警察が出動したり，母がけがをして入院したりということも一度ならずありました。彼が中学生時に父の不倫相手の女性から，自宅への侵入や頻回のいやがらせ電話などがエスカレート。母は「長男が大学に行くまで」と辛抱を重ねた末，兄の進学を待ってキヨシさんを伴って家出しました。母は，兄の学費を捻出し続け，母とキヨシさんの生活は困窮。母に「お前を大学に行かせるお金はない」と言われていた彼は高校卒業後，6年間アルバイトに励み学費をため続け，24歳で遂にある有名大学に進学しました。この時親戚の説得で，父がしぶしぶ学費援助を約束してくれました。Y－1年，ずば抜けた成績で学部を卒業した彼は大学院へ進学したものの，同年夏，父の仕送りが突然止まりました。その後「自分でも理由が分からないけど」通学できなくなりました。ひきこもりが続き，Y年5月，私の外来を初診しました。診断はうつ病でした。

　当初父の仕送りが途絶えたことについて本人は「そんなにショックを受けたつもりはなかった」と語っています。しかし薬物療法でも抑うつがなかなか改善せず，12月にやっと週1回登校可能になった程度でした。Y＋1年1月，大学院の先生から「休学か退学か」とメールがあり，不安が高まりました。診察で話をするうちに父への怒りがふつふつと表れてきました。本人が「生まれて初めて話した」という父の暴力，離婚の詳しい経緯を語りながら怒りをあらわにしました。

　その後はいろいろと話してくれるようになり，私は大学院の先生ともいろいろ相談させていただき理解を求めました。2月，私が将来の進路の1つの選択肢として，「就職も」といった言葉に彼が過敏に反応し落ち込んだ表情を浮かべたことがありました。私は「今心の中で何が起こったんだろうか」とメンタライジングを促しました。すると彼は「いつも真っ暗な家が自分が県一番の中学校に合格した時だけ，父が笑って

くれた」というエピソードを想起。「大学院進学したのも父に褒めてもらいたかったんだと，今気がついた」と語りました。「仕送りが途絶えたことが悲しい，今初めて悲しいと思った」「良い成績を取れば認めてくれると思っていた……」と涙を流し，その後数週間は抑うつがぶり返したような日々が続きました。

4月になり，彼は自ら父に電話し，父と戸籍を分けました。私はまだ何も将来が決まっていない状態で数少ない絆を断ち切るということを心配しましたが，彼は「むしろ解放された感じ」と語ってくれました。戸籍の手続きの際に書類を見て，父が継父に育てられたことを知り，「父も育て方が分からなかったんだ」と述べました。

しばらく意欲低下が続いた後，1か月経ったころ本格復学しました。それからは今まで逆らったことのない大学院の先生の叱咤激励の言葉に一々食ってかかるようになりました。それまで気弱な印象の彼が先生に反論するということが驚きでした。それについて彼は，「父に言いたくて言えなかったことを先生に言っているのかもしれないけど，怒りというよりはわがままに近い」とメンタライズしています。自分を捨てた父を恨んでいるというよりは，包容力のある先生を相手に「物を言い合える親子関係」の練習をしているかのようでした。夏ごろには完全に復調，「研究のペースが上がってきた」と述べ，「この学問分野への適性はそこそこあるかなと思います」と聞いたことがない自信を口にして微笑みました。その後の診察では研究室内の人間関係や，将来の不安などについて相談，薬もすべて終了し，翌年の秋，遠方への就職を機に終診となりました。

(2) あかりの物語

あかりさんは妹との2人きょうだい。父はアルコール依存症で，幼いあかりさんの首を絞めたりしていました。知人宅で泥酔し失禁している父の後始末を母と彼女がしに行くことも度々ありました。母はあかりさ

んに「あんたのせいでお父さんと離婚できない」と言い続けていました。

高校1年のころからうつ気味で何度か受診したことがあるとのことですが続かず，高校卒業後遠方の大学に入学した直後のZ−1年4月から過食嘔吐が始まりました。

母は父と喧嘩するたびに遠方のあかりさんの下宿に数日泊まるということがありましたが，Z年2月にも下宿を訪ねて母が深酒し，「どうせ私は悪い母親」と言いながら，謝り続けているあかりさんを横目で見ながら次々と安定剤を不規則服薬したために，彼女は強い不安で過換気発作を起こし，病院に救急搬送されました。一晩経っても不安が収まらないということで，精神科医診察の依頼を受けて私が診察し，そのまま精神科病棟に入院となりました。入院翌日に母も病院に来ましたが，「この子のことは私が一番よく分かるんです」と言い，とてもよくしゃべるお母さんでした。

入院時「神経性過食症」と診断されたあかりさんは母との関係を振り返り始めました。「父と会話しただけで，母に『どっちの味方なの！』と責められた」とか，下宿に来た母に「あんたがお父さんに言って来て」と言われて，父への伝言役として彼女1人で帰省した，など，理不尽なエピソードを次々に想起しますが，一向に怒りは表れてきませんでした。そして，「私は自分じゃなくて，お母さんなんです」と不思議なことを言い，母に対しても「母にとって私と妹がすべてなんです」とかばっていました。

4月，母とのやり取りの中で怒りを感じたエピソードが初めて語られました。「お母さんはずるい。『私は痛い目を見て，狂った母はもう卒業したから』って。そんなこと言われて腹が立ってきた。痛い目を見たのはあなただけじゃない，私も妹も痛い目にあったのに」と。しかし，その直後から，罪悪感や寂しさばかりを口にするようになりました。「自分のための人生なんて価値がないような気がする」「お母さんに取り残

される」といい抑うつ的になりました。この後は診察も心ここにあらず，という印象で抑うつは改善せず，「入院治療がいつか終わることの不安」に耐えられず，私の説得を振り切って4月末に退院してしまいました。

退院後も帰郷はせず，ほどなくとてもパワフルな女性市民活動家と出会います。あふれるほどに助言をし，彼女の欠点を指摘してくれる彼女をあかりさんも母と慕います。しかし見知らぬ人ばかりのパーティなどに連れまわされ過食嘔吐は余計に荒れ狂うようになり，彼女は自殺を考えるようになりました。その頃瀕死の捨て猫を拾い飼育に没頭，「この子は私があげなきゃ食べないんです」と語り，猫がいるから，と私の再入院の勧めを断り続けました。

夏が過ぎたころに受診が途絶えました。その後，また別の市民活動家の勧めで，農業をしながら生活をするとのことで他県に引っ越したのだ，と葉書が送られてきました。

8.3 見せかけの分離と空虚うつ

この3人の物語を読んでいただくと，外傷的育ちを克服する典型的な一本の道筋が見えてきます。「苦しい分離の作業は，見せかけの分離による空虚うつで始まり，真の分離による分離うつを乗り越えて終わる」ということです（図8.3）。マユミさんの物語を中心に，3人の心のストーリーをできるだけ細やかに紡いでいきましょう。

(1) マユミの見せかけの分離と空虚うつ

マユミさんは幼児の時からアルコール依存症傾向，また他者コントロール傾向が強い母の自己愛を満たす役割を担う「ミラー役」として，存在の安心感の乏しさの中で条件付き自己承認を得てきました。母が自慢できるコースをたどり，優秀な成績を上げていった彼女は，表7.1

図8.3　見せかけの分離による空虚うつ，分離うつの先にある真の分離（1）

（p.85），ACの「英雄タイプ」にあたるでしょう。「白雪姫の鏡」のように母の理想を忠実にミラーリングし続けながら，一方で「両親が事故で死んでくれたら」と望んでいたように，ひそかな怒り・主体的な人生選択を阻まれている恨みは徐々に募っていました。X−5年，懇願の末，1人暮らしにこぎつけました。実家から徒歩1分という点が，マユミさんの母から離れたい力と，離れられない力のちょうどつりあう心の距離を象徴しているようです。

　1人暮らしの直後から玄関の鍵，ガスの元栓の確認強迫が現れています。第7章2節で書いたように，支配的な親から離れたのをきっかけに強迫症状が現れるという人は珍しくありません。親から離れたいとする思いとは裏腹に，親に支配され規定されることで自己効力感（自分自身の力で物事を成し遂げることができるという感覚）の乏しさを補っていた面があり，その支配がなくなると不安になり，その不安を「何回確認しなければならない」「そうしないと悪いことが起こる」という強迫観念で自分を規定しそれに従い行動することで紛らわせている面があります。そして，「何回確認しても不安が消えない」と強迫行為に支配される生活へとエスカレートしていきます。

　1人暮らしの翌年に母の連続飲酒・流血事件がありました。抑え込んだ母への怒りは健康な方法では抑えきれないレベルに達し，母との接触を避け距離を取るようになります。そのころ母親的な上司に追従した時期は，親と「分離」したようでも実際には上司との間でマユミさんの依存欲求を埋める関係，「代償的な共依存関係」ができており，本当の意味で分離したわけではない「見せかけの分離」の状態でした。いよいよ

その上司と離れざるを得なくなった部署異動のあとその代償も利かなくなり、働く意欲や生きる意欲を失い、うつ病を発症し精神科の外来を訪れたのです。マユミさんが「みせかけの分離」の後にうつ病を発症したのは外傷的育ちを生きてきた人の典型的な経過であり、私はこの時期の抑うつを形容する言葉として「空虚うつ empty depression」を使用しています。

(2) 見せかけの分離と空虚うつとは

ここからは、一般的に外傷的育ちを生きた人が「見せかけの分離」を通じて「空虚うつ」を呈するメカニズムを説明したいと思います。

> **見せかけの分離と空虚うつとは**
> ・見せかけの分離：親に対して隠し持っていた依存欲求に自覚がないまま、親から距離を取る行動。
> ・空虚うつ：外傷的育ちの中で条件付き自己承認を頼りに生きてきた人の「見せかけの分離」の際に現れる、目標や理想に価値を感じられなくなった抑うつ。

「見せかけの分離」とは、親に対して隠し持っていた依存欲求に自覚がないまま、親から距離を取る行動を指しています。進学や就職のタイミングなどで一念発起し遠い街で1人暮らしを始めるなどの行動で、マユミさんが親との接触を避け上司に追従した時期、あかりさんが1人暮らしを始めた時期がこれに当たります。「見せかけの分離」で距離を取る行為の表面上の動機は「もう親の支配から逃れたい、距離を取ればこの苦しみから逃れられる」という思いですが、多くの場合その奥には「これ以上近くにいて親に対する怒りに直面してしまうと、決裂が避け

られなくなり，親との真の分離を体験しなければならなくなることが怖い，その事態を避けたい」という真の動機が潜んでいるのです。そこに見捨てられる恐怖が関与していることは本章5節で説明します。皮肉なことに，「分離したくないため距離を取る」という行動を取ったために，「親から離れても，親離れしたことにならない」ということが起こるのです。

　見せかけの分離を図った際に現れるうつが「空虚うつ empty depression」です。これは第6章2節でも紹介した Kohut が著書の中で「目標や理想に価値を感じられなくなった抑うつ」と手短に説明している言葉です。もう少し丁寧に定義すると空虚うつとは，「外傷的育ちの中で条件付き自己承認を頼りに生きてきた人が『見せかけの分離』を図ったことにより，報酬的な条件付き自己承認を失った結果，自ら発する生きる意義の乏しさが露呈され，目標や理想に価値を感じられなくなる抑うつ」と位置付けられます。本人は葛藤の苦しみから逃れるために距離を取ったはずが，距離を取って初めてそれまで目標や理想だと思っていたことがまったく色あせてしまい，生きる意義を見失ってしまうのです。私がこれまでに出会ってきた外傷的育ちを持ち私の診察を受けることになった方たちの多くは，「見せかけの分離」の後というタイミングにうつ症状や，強迫症状など第7章に挙げた種々の精神症状を発症して精神科・心療内科を初診しており，その発症には多かれ少なかれ空虚うつが重要な役割を果たしていました。マユミさんの受診動機となったうつや強迫症状，あかりさんの過食嘔吐は見せかけの分離とともに現れていますし，キヨシさんがうつで受診したのは自ら意図した分離ではありませんが仕送りが途切れた時期でした。

　昔からよく思春期の子どもたちの相談現場では，「親が悪いんだから，親から離れたら良い方に行くのではないか？」というアドバイスとともに住居の分離が促されます。この方法は明らかな虐待事例では他に方法がない場合もありますし，心の分離がある程度できている子ではう

まくいくこともありますが，本人が離れようとしないか，離れてもうまくいかないという結果になることが意外と多いように思います。これは本人の心理にある隠れた依存，依存欲求と恐怖感のアンビヴァレンス（裏腹な感情）をメンタライズせず距離を取っていることにより，見せかけの分離から空虚うつが引き起こされるためと考えられます。

(3) 見せかけの分離とその周辺

外傷的育ちから心の病を呈して受診に訪れる人はほとんど「見せかけの分離」の段階と言って良いかもしれません。少し本論から外れますが，彼らの親に対する姿勢（親が健在だった場合）を簡単にまとめておきます。

①嫌悪：一見冷静に軽蔑した態度をとる。
②あきらめ：淡々と親から受けたおぞましいエピソードを語る。感情を伴わない。
③恐れ・回避する：物理的距離をとる。
④引き受け・世話役・服従：ため息をつきながら親に振り回され続ける。

①〜③は親の自分への影響を最小化しようと試みた結果なのですが，残念ながら多くの場合が『親から離れているが，親離れしているとは言えない』状態です。③では大学入学や就職を機に「1人暮らしを始めることで物理的距離を取る」ケースがあるのですが，その距離に絶妙な心理状態が表現されていたりします。独居先が50〜100km程度だとさほど葛藤が厳しくない（支配力の強い親ではこの程度の距離で独居させてくれない），100〜200kmだとある程度離れたいがよほどの時は駆け付けたり，分離が辛くなり少し戻ったりしたくなる関係，500km以上となると本人は支配力の強い親から離れたい一心で生活を始めるのです

が，本章5節で説明する「蓋の下の依存」に苦しむ結果になります。早晩大きな症状・行動化を現して親が遠方から駆け付けることになります。

一方④のように30代，40代になっても幼少時そのままに母親の支配に抗うことができずに振り回されるままという女性もかなりの数に上ります。夫がいてもお構いなしに母親のミラー役を担わされ続けるのです。母親のカードローンでの多額の借金を肩代わりする女性，毎日欠かさず午後4時半に電話するよう母に言われ，母を荒れさせないために従う女性。このような密着した母娘関係の多さは日本社会の特徴かもしれません。

8.4　分離うつと分離

（1）マユミ・キヨシ・あかりの分離うつ

さて，本論に戻り本当の分離，親離れについて話を進めるために，マユミさんの物語に戻ります。

マユミさんの初回入院に至るX年，退職を迫られるという出来事，そして両親からの多額の金の無心という大ピンチがあり，「記憶がない」という解離性健忘が現れ，自殺企図を繰り返しました。これらの症状の動機は「親から逃げる」ことでしたが，もっと厳密に言うと「親に対する自分の感情から逃げる」ことでした。自分の怒り感情を制御しきれなくなり「バチッと忘れる」解離性健忘と，「親が死なないなら自分が死ぬしかない」という自殺企図でした。これらは「真の分離」から逃げ回り追い詰められた状態で現れた症状・行動であり，「見せかけの分離」の延長と言えます。また，主治医である私という依存対象・ミラー役が存在していたことで，ピンチに際して分離をめぐるSOSのメッセージが症状・行動として現れやすくなったという側面もあるでしょう。これは私が「何とか抱えるしかない」と入院を勧めたこと，入院後

第8章　分離をガイドする　　　　　　　　133

母の姿を見るまいと，前にスクリーンを置いているため後ろからの照明により
スクリーンに巨大な母親のシルエットが浮かび，かえって恐怖感が増す。

も「命を預けられたような重さ」を感じていたことにも表れています。

　入院し，守られた環境の中で『アダルトチャイルド物語』を呼び水として，蓋をしていた記憶の想起や感情の表出が一気に進みました。想起の痛みは象徴的に「耐えきれない身体の痛み」となり，鎮痛薬の不規則服用に現れましたが，作業は放棄されませんでした。徐々に今まで蓋をしていた怒りなどの感情を言葉で表出するということができるようになりました。そして入院中に母が突然来院するという出来事があり，分離したいという意思を母本人に対して初めてはっきり表明し，受け入れられるという体験をしました。この出来事の後，「母が小さい人と思えてきた」，という言葉には，まるで母親の姿を見まいとして前に白いスクリーンを垂らしていたために，むしろ照明のせいで母親のシルエットが巨大な影になって映し出され，より恐ろしさを増幅させてしまうように，自分の恐怖心や怒りに蓋をしたばかりにそれまでの彼女の母イメージが巨大化してしまっていた心的現実を想像することができます。スクリーンを取り払ってしまった後に見えた等身大の母親は，彼女にはとて

も小さく見えたのでしょう（ちなみに，私は彼女の申し出を「わかった」と言って引き下がってくれたお母さんは小さくなく，人間として「大きな人」だったと思います）。

そうして晴れやかに退院した後にすぐ，「生きててもいいのでしょうか」という言葉とともに再び抑うつに陥ったのです。両親が両親だけでがんばっている姿を見て，「置いていかれている」と感じたように，「ミラーリングを求めてくる母を手放した（失った）」，つまり条件付き自己承認を放棄したことによる抑うつでした。

私はこの抑うつを「分離うつ」と呼んでいます。空虚うつと違う点は，分離を否認・回避していない，という点です。親に対する怒りの感情と，その表出にブレーキをかけていた依存の感情を覆い隠すことなく見えている状態で，分離に直面した時の，「お別れのうつ」なのです。

「生きていいんでしょうか」という言葉を発したマユミさんはこの時，すでに分離（親離れ）の覚悟ができていたと私は考えています。それまで自殺企図など行動で主治医の保護を求めてきた彼女でしたが，この時はこの1つの言葉で終わりました。ミラー役である私に，分離の苦しさを伝えたいという思いの表れかもしれません。自己破壊行動で愛情を確かめようとする「試し行動」ではなく言葉を受けとめてもらうことで十分だったのです。

彼女は分離うつを耐え，親のミラー役には戻らず，「誰のせいにもできない人生」を選びました。主治医の私に対して代償的に依存欲求や承認欲求をぶつけながらも，母の死という突然の別れに際して悲嘆しつつも「生きる意義の喪失」はありませんでした。2回目の入院では治療6年目で初めて母への温かい感情を思い出すなど，分離の葛藤を乗り越えた後に見られる「修復」の動きも見られました。

キヨシさんの場合も，固くマンホールの蓋をしていた父親から受けた虐待的な体験の数々を言葉にし，怒りを表した後に分離うつが訪れました。県一番の中学校に合格してくれた時に笑ってくれた父。大学に進

み，抜群の成績で大学院に進んだ原動力も，「いつか父が自分を承認し愛してくれるかもしれない」という望みでした。その望みが隠れた生きる意義になっていましたが，仕送りが途絶えてうつ病（空虚うつ）になってもそのことを認めるには至らず，私が〈将来就職も……〉と言った一言が引き金となり一気に分離うつが噴き出しました。これは私に父親への感情を重ね合わせていた「転移感情」があったために，その私から学業トップを目指し，学者を志してがんばり続けることの実現性に疑問を投げかけられたことが，その「望み」とお別れしなければならない現実を直視する契機になったのです。

　一方のあかりさんも，母への怒りをハッキリと口にし，その後「自分のための人生なんて価値がないような気がする」「お母さんに取り残される」と語ったことからも，分離を完全に否認していたのではなく，分離という現実を意識できていたことは確かです。しかしそのあまりの恐怖にその道を進むことができず，「分離うつ」の入り口で引き返してしまい，それに身を沈めて乗り越えることができなかった，と言えるでしょう。分離に向かう入院治療と私との治療関係から逃げ出した彼女は，母の代役として彼女に条件付き自己承認を与えてくれる対象を獲得し，再び分離を否認する道に戻ってしまいました。無論，彼女自身もその代役となった人の強いミラー役となり共依存関係になっていたであろうことは言うまでもありませんし，「瀕死の猫」には決して分離することのない人生を願う彼女自身を投影していることも言うまでもありません。

(2) 分離うつとは

> **分離うつとは**
> 空虚うつと違い，親に対する怒りと，隠し持っていた依存欲求をしっかりと自覚し，分離の道を自ら歩むしかないことを受け入れる時の

> 「お別れのうつ」。親との分離にとどまらず，「世界中のあらゆる人が私のことを全力で愛して認めてくれたとしても，私の人生の苦悩を丸ごと抱えて肩代わりすることはできない」という心の分離・自他境界の体得につながる。

　分離うつとは，空虚うつと違い，怒りと，隠し持っていた依存欲求をしっかりと自覚し，自分の道を自ら歩むしかないことを受け入れる時の「お別れのうつ」です。
　外傷的育ちを生きてきた人は親との分離が凍結したままです。「親がああいう状態だったからそれが実現されなかっただけで，いつか親が自分を100％抱えてくれる日が訪れる可能性があるのではないか」という幻想，「100％幻想」を持っています。その幻想にお別れするのが分離です。それは，親の限界を認め，「親が万一私のことを本気で全力で愛して認めてくれたとしても，私の人生の苦悩を丸ごと抱えて肩代わりすることはできない」という事実を受け入れることです。これに対して「そんなこと分かってる」と反発する人もいるでしょう。「親がどれだけいい加減で，自己中心的な人間か痛いほど知ってる私が，そんなことを信じているはずがないでしょう」と。物心つく前に両親と離別しそんな幻想を抱きようのない人もいるでしょう。しかし真の分離は次のように言いかえることができます。「世界中のあらゆる人が私のことを本気で全力で愛して認めてくれたとしても，私の人生の苦悩を丸ごと抱えて肩代わりすることはできない」ことを認めることです。心の分離，自他境界の体得と表現することができます。分離うつはそれを受け入れる際の心の痛みです。
　一方で分離うつは，それまで親のなだめ役・承認役としてすべてを捧げてきた子どもの自分とお別れし，その長年の莫大な働きと貢献に対する見返りをあきらめるうつでもあります。100％幻想は分離が進まな

かったために残ったという側面と，親によって積極的にもたらされたものという側面があります。分離を受容できていない親自身がその子を「（境界を越えて）丸抱えしてくれる存在」として利用しようとし，子も「そうであらねばならない」と思い込まされ親のなだめ役・承認役を担ってきているのですから，その期待は幻想であるということに気づく・認めるのは並大抵のことではないのです。

　分離うつに近いものを，境界性パーソナリティ研究の大家であるMastersonは「見捨てられ抑うつ」と呼び，次のように記載しています。「青年期の（BPD）患者の治療が進む中で，同一化対象への失望または患者自身の『自己活性化』，自立への努力によって，見捨てられ抑うつが賦活される。これは，幼児期に子どもの自律的行動に対して母親が情緒的支持を撤去してしまったために，分離個体化のプロセスが停止していたことを示している」。さらに『情緒的撤去』について，多くのBPDの患者の母親が境界性パーソナリティ傾向を有する「ボーダーライン・マザー」であることを指摘し，「ボーダーライン・マザーは，子どもの自律的な行動には愛情を撤収し，依存的な行動には愛情を供給する。このような極端な対応をとることによって，子どもの分離個体化への動きを挫く」と詳しく説明しています。この「分離の凍結を引き起こす母親の情緒的撤去」についてMastersonは母親のやや病理的で意図的な行動を強調しており，第6章3節の「ミラー役を担わせる親」に近い性質を読み取ることができます。しかしここまでお読みいただいた方には，それにとどまらず第5章1節の「（行動主体自己が育たない）随伴していない・歪んだ・マークのないミラーリング，またはミラーリングの欠如」などより早期の，よりさまざまな養育状況が分離うつの背景に存在することをご理解いただけると思います。ただ臨床上，「分離」「自立」がバラ色のプロセスではなく，自立へと歩きだす過程で抑うつを呈してしまうことの指摘はとても重要だと思います。

　また，第4章で説明したように，外傷的育ちは多くの場合脳の生理学

的反応として「見捨てられ恐怖症」を形成するため，分離うつを乗り越える作業にはさらに大きな恐怖感を伴うと思われます。総じて外傷的育ちを持つ人が大人になって改めて分離を達成するには，さまざまな恐怖感が伴うのです。

8.5 外傷性育ちから分離への道

　外傷的育ちを生きてきた人がマンホールの蓋の上に全体重をかけて生きている第1章のイラスト（p.5）を見てください。彼らが，噴きださせまいと必死で押さえている蓋の下には何があるのでしょうか。外傷的育ちを持ちながら生きる人の心理・防衛構造と，その蓋を開けて分離に至る道筋をまとめ，整理してみたいと思います。

（1）外傷的育ちを抱えて生きる人の心理・防衛構造

　図 8.5a は外傷的育ちを持ち，分離が凍結しながらも感情の崩壊を防ぎながら生き抜いている人の心理・防衛構造です。一番上の「防衛」の蓋が p.5 のイラストのマンホールの蓋と考えてください。下から順に説明します。

①見捨てられる恐怖

　前項で見てきたように，分離＝100％幻想を手放すという作業に対しての困難さと強い恐怖を持っています。「見捨てられ，分離すること」に対する恐怖感です。乳児が分離個体化に際して感じる恐怖と同質のものですが，外傷的育ちを持つ大人の場合は幼少時に体験した喪失・別離・見捨てられの外傷体験による神経生理学的な見捨てられ恐怖症（第4章）が加わり，さらに幼少時からの数十年間必死で果たしてきた親のミラー役としての役割（条件付き自己承認）と見返りへの期待を放棄することの恐怖も加わっており，よりアンタッチャブルなパンドラの箱になってしまっているのです。そこに分離に伴う良いイメージはなく，た

第 8 章　分離をガイドする

図 8.5a　外傷的育ちを持ちながら生きる人の心理・防衛構造

だ「箱の中には見捨てられるという暗闇が横たわっているだけだ」と認識されています。

② 100％幻想による依存欲求

　親のなだめ役・承認役を担ってきた彼らも，心の奥底には依存欲求を隠し持っています。「たまには甘えさせて欲しい」というような生半可なものではなく，「自分は不幸だっただけで，万が一親が改心すれば（世界中探せば誰かは）私の苦悩や存在ごと丸ごと分かって抱えてくれるのではないか」という 100％幻想による依存欲求であり，「融合」・「一心同体」を求める根源的依存欲求です。しかしその欲求の上に怒り感情を蓄積させているため，自分がそのような依存心を持っていることなど到底認められないのです。

③怒り

　虐待された怒り，養育されなかった怒り，親の承認欲求のためになだめ役・承認役として不正利用され，分離と主体的な人生選択を選ぶ機会が与えられなかった怒り・恨みは蓄積しています。しかしそれを吐き出せば見捨てられ体験につながる，父の暴力に耐えてがんばってくれた母

に申し訳ないなどさまざまな抑制因子が働き，この感情も蓋をされます。

④防衛

①〜③の感情は突き詰めれば最も恐れている見捨てられ体験＝分離につながるため，丸ごと「防衛」の重いマンホールの蓋が乗せられます。防衛のスタンスは，それに関する生き生きとした感情一切を閉じ込めてしまう「感情隔離」や，感情表出につながる事態をとにかく避ける「回避」です。感情を隔離した人の態度は諦め・軽蔑・達観などさまざまです。軽蔑とは怒りの表出ではなくもっと傍観者的で内省につながらない感情です。感情隔離した人の診察では，聴いている方が辛くなるほどのエピソードを淡々と，自分の感情をまったく差し挟まずに語り続けます。エピソードに伴う感情を尋ねても，「怒りはないです」「それが普通でしたから」など決して感情に触れさせようとしません。一方の「回避」はその話題を避ける，親との接触を避けるなどの態度です。「父母の長所・短所をそれぞれ3点ずつ書いてみましょう」と促してみると，アンビヴァレンス（依存と怒りの裏腹な感情）を抱いている親の短所については1点も書けないということがしばしばあります。感情隔離と同様に防衛している依存と怒りの噴出を避けるという点，生理学的な見捨てられ恐怖症から，親の短所を口にすることが即恐怖につながるという点からその作業を回避しているのかもしれません。最大の「回避」が「見せかけの分離」です。また，第7章5節「遠ざかり」の姿勢にもこの感情隔離と回避が大きな役割を果たしています。

(2) 外傷的育ちの防衛構造からの脱出・分離への道筋

この防衛構造が解けて分離へと向かう道筋を説明します。図8.5bは上から順に見てください。

①防衛

感情隔離・回避しきれず防衛の蓋が開き感情の表出が始まる瞬間で

第8章 分離をガイドする

図8.5b　外傷的育ちの防衛構造からの脱出

す。表出に転じる契機は，空虚うつやパニック発作などの発症をきっかけに感情の吐露が始まることがありますし，親の死など突然の出来事で感情が噴出する場合もあります。私がマユミさんの治療に利用した『アダルトチャイルド物語』は感情表出を促す不思議な本です。しかし私は，この防衛の蓋が開くための絶対条件は信頼できる，ほどよく支持する対象を得ることだと考えています。それが主治医の場合もありますし，友人や恋人の場合もあるでしょう。自助グループやグループセラピーには，同じ苦しみを乗り越えようとする仲間の姿に触発されて，防衛の蓋を弛ませてくれる作用があります。ただ，互いの分離性を認めない共依存的な関係は防衛を延命させるだけで分離にはつながりません。

②怒り

「自分が得るべきであったものを得られなかった，与えられるべきものが与えられなかった」という怒りの表出が始まります。傍観者的な軽蔑でなく，自分のために怒れることは，分離・自立への第一歩です。怒りの表出とともに，真の分離欲求が生まれていきます。

③依存欲求

しかし怒りの中で「与えられるべきものを与えられなかった」ことへ

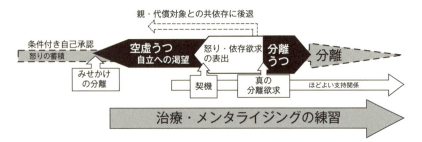

図 8.5c　見せかけの分離による空虚うつ, 分離うつの先にある真の分離 (2)

の思いは, 安心感のある愛情や健康なミラーリングを「本当は与えて欲しかった」という隠しておいた依存欲求の気づきにつながっていきます。

④分離うつ

自分の依存欲求を認め現実世界と照らし合わせると, 隠し持っていた100%幻想はもう永遠に実現不可能であるという一見当たり前の, 頭では分かっていたはずの事実が初めてリアリティを持って感じられます。ずっと心の奥底で求めていたものが永遠に手に入らないことを認めざるを得ず, 悲嘆とともにガックリとした抑うつがやってきます。大事な人が亡くなった時の喪失のうつに性質の近い抑うつ, それが分離うつです。しかしこの分離うつこそが主体的な人生の開始のための大切なスタート地点となるのです。

(3) 空虚うつ, 分離うつを乗り越えて分離へ

ここまでの過程を図にしてみました (図8.5c)。

マユミさんもキヨシさんも, 自立への渇望を強く持ちながらも空虚うつに長く苦しんでいました。あかりさんはそれに較べると母との共依存がいまだに強く, 自立への渇望・分離への力が弱かったのかもしれません。せっかく怒りの表出まで行ったのに分離うつに進まず, 再び親との分離を否認する関係に引き返してしまうケースは他にもあります。例えば, 本人が幼少時に親から受けた恨みをぶつけ始めてから親が「改心」

してくれるのは良いのですが，今度はその償いとばかり180度方向転換して本人の100%幻想に応えようと無理な奉仕を続けて丸抱えしようとし，結果的に本人が分離へ向かう成長を妨げてしまうケースです。虐待というより過保護・他者コントロールにより支配し，自身が分離できていない親に多いケースです。

　先に述べたように，ほどよい支持とミラーリングを与えてくれる対象の存在が分離への1つの重要な要素であると私は考えています。また，次章で紹介するメンタライズ力の成長を促す治療（MBT）を続けていくことがこのプロセスを安全に進めてくれると考えています。

8.6　分離の道をガイドする治療者・支援者

　この本のメインテーマの1つになっている「分離」は本人の心の分離，「私の内側の領域にある苦痛や苦悩を共有し肩代わりしてくれる人は世界中のどこにもいない」ことを体得することを指しています。しかしこの章で紹介した3人の物語は，心の分離と，現実の親との心の分離「母親（父親）がいくら改心して親として私を愛してくれたとしても，私の内側の領域にある苦痛や苦悩を共有し肩代わりすることはできない」ことを体得する作業がほぼ同時に行われています。順序としては親との分離が先ですが，治療者は「親との分離」に集中しすぎないことが必要であろうと思います。

　マユミさんの治療は治療技法云々というより，彼女の分離の道のりに治療者がとことん伴走しただけのことかもしれません。今何が起きているか本人と一緒に理解しようとし，苦しい分離の道であっても後戻りではなく前に進むという選択を支持し，本人が揺れ動いた時には一緒になって右往左往した10年間でした。しかし私が治療者として「親との分離」に引きずられ過ぎた点はこの治療の反省点として挙げられます。マユミさんは，「生きててもいいんでしょうか」までの分離うつで親と

の分離が一区切り付いた後も2年あまりの間，私に代償的に依存する感情や親以外の人との関係の中で感情調整ができなくなったり，不規則服薬したりということが続きました。しかしその間も親との間でさまざまなことが起こり，母の死があり，私は彼女の親に対する感情に焦点を当て過ぎていたように思います。すでにかなりの出来事が転移関係（治療者との間で自分の対人関係パターンが繰り返され，さまざまな感情が湧き起こる関係）の中で起こっていることをメンタライズすべき時期に，いつまでも親に対する感情について話し合っていることは，本人と治療者が取り組むべき，痛みと緊張を伴うけれども今最も重要な作業に取り組むことから目をそらせてしまう，「ごっこモード」に入っていた側面があるかもしれません。その点は次章で，必要な時機にいつでも転移を扱うことができるMBTの紹介をお読みいただきたいと思います。

　ただ，それでも分離うつを乗り越える時期に兎に角も傍で立ち会うことは治療者の大切な役割であろうと思います。

　分離うつはつらいものです。その人それぞれにそのつらさを表現します。「先生の治療に出会えて良かったけど，この事実に気づいてしまったことがつらい」「前の方が楽だった……人のせいにしていれば良かった」「どうやって親の役に立ってない自分の価値を認めるのか，分からない……でも行ってみないと分からない」と，ずっと無意識の中で隠し持っていた，「いつか報われて100％抱えてもらえる」という幻想とのお別れを嘆きます。また，母のなだめ役，父の世話役，DV男性の弱さを受け入れ続ける役……外傷的育ちを生きてきた子どもの存在意義は，歪んでいながらもあまりに強烈なのです。分離うつを乗り越える作業は，嗜癖的自己承認からの訣別。彼らにとって「健康な生きがい」「自分のための人生」はあまりに頼りないものです。手放す苦しみの中で，先の道も明るく見えない中であっても，この道を逆戻りするわけにはいかないという静かな決意を秘め，その苦しみに耐え一歩一歩ただ一人の道を踏みしめていく姿は，美しい人間の姿だと私は感じます。その人が

分離を成し遂げようとする時期に立ち会えることは，私が精神科医をしていて一番幸せな瞬間でもあります。

分離の道を伴走する人は，次のことを心がけていただければと思います。

①この分離うつに苦しむ本人の傍から動かず（その局面で近づきすぎず遠ざからず），

②生きる意味・新しい生きがいの持ち方を教示せず，

③嗜癖的自己承認との訣別を支持しつづける。

このような時期に「こうして自立すべきだ」などと強く教示すると，分離を妨げるどころか，下手をすると教祖と信者のようになってしまいかねません。よろめき，足がおぼつかない子どもに，手を貸すことなく歩くことができるまでじっとそばで見ているように見届けていただきたいと思います。

Key Points

- 見せかけの分離と空虚うつから精神症状が現れ，分離うつに向き合い分離（100％幻想を手放す，自他境界の体得）を獲得することで治療は山場を越える。
- 悲しみの中にありながら分離うつを乗り越えようとする本人に，治療者は近付き過ぎず遠ざからず，新しい生きる意味を教示せず，嗜癖的自己承認からの訣別を絶対的に支持する姿勢で臨む。

第9章
メンタライゼーションに基づく治療（MBT）のすすめかた

9.1 メンタライゼーションに基づく治療（MBT）の特徴

　第3章・第5章を通じて，外傷的育ちの中ではメンタライジング（自己・他者の発言・行動の背景にある心理状態＜欲求・感情・信念＞を理解すること）が育たないこと，そして外傷的育ちの代表的疾患であるBPDの諸症状がメンタライズ力の成長不全から生じることのメカニズムを見てきました。そのBPDの治療のためにFonagyとBatemanらが創始したのが，メンタライゼーションに基づく治療（MBT）です。

　MBTとは，外傷的育ちで停止したメンタライズ力の成長を呼び覚ましていく治療法ということができます。MBTのBPDに対する治療効果の高さは数々の研究論文で実証されており，メンタライズ力が何歳になっても育つことができる能力であることを示しています。この治療力の本質は何か，MBTとは何をする治療か。端的に言うと，第3章で説明した養育者が乳児との間で行っている交流，「実情に伴った（随伴的）・マーク付きの（有標的）・消化された情動によるミラーリング」をBPD患者との間で行っていく作業である，と言えます。

　この章ではMBTの5ステップの介入を主とした中心技法をご紹介していきます。第1章で述べたように，FonagyとBatemanはMBTに

ついて，「何かの流派を捨ててMBT専門家になるのではなく，それぞれの臨床家が自分の専門性にMBTのエッセンスを加えて活用してほしい」と述べていますので，読者の方にはそのエッセンスをいろいろな形で活用していただきたいと思います。

　私が考える治療理論としてのMBTの特徴をいくつか挙げてみます。
① BPDを「治す」ための方法論である。BPD治療に効果があるというエビデンス（実証）を重視する。
②具体的で現実的な援助である。大部分の治療情報を治療チームと本人が共有し，本人の動機づけにつなげる。
③転移を扱う。すなわち本人と治療者の間で今起こっている関係の性質や互いの感情を見つめ，共有して治療に役立てる。ただし転移が元来持つ「幼少期の重要な人物との関係の反復」という側面は取り払い，徹底して現在ある対人関係・行動パターンの理解のために活用する。
④本来のMBTは個人セラピー・グループセラピーなど治療ツールの複合体であり，「チーム」による治療を重視する。

　④について，MBTは精神療法家や精神科医など専門性の高い職種のみで治療しません。MBTの本拠地，聖アン病院のHalliwick UnitでもMBTの個人セッションはほとんど看護師など心理の専門家ではない職種が担っていました。

　BPDのメンタライジングの特徴は，〈暗黙的implicit・自動的automaticメンタライジング〉であることです。「(1) 出来事があり，→ (2) 感情が湧き，→ (3) メンタライズできず，または歪んだメンタライジングにより，→ (4) 自他への破壊的な行動に至る（結果）」というプロセスが意識されないまま進み，本人の意識の上では「(1) 出来事→ (4) 結果」という直通特急になってしまっているのです。これを〈顕在的explicit・コントロールされたcontrolledメンタライジング〉

に変えていく作業，すなわち（2）や（3）の存在に気づいていくこと，直通特急を各駅停車に変えていく作業がMBTであると言えます。例えばMBTと類似性がある代表的な精神療法である認知療法では，現在の感情や認知に「気づくこと」はある程度治療の前提であり，その上で新たな適応的認知を生みだしていくことが治療のメインステージとなります。しかしBPDにとってはその「気づくこと」が重要で難しい作業なのです。なぜなら第4章3節で説明したように，外傷的育ちを生きる子どもにとって自他の心理のメンタライジングには恐怖を伴うからです。まず平常時に直通特急を各駅停車にしていく練習を繰り返しますが，そのうちに治療内（本人と治療者の間で）や治療外で危機的な状況がなかば必然的に起こります。それらの危機的な状況の緊張の中で後退してしまうメンタライジングをなんとかして失わずに共同でメンタライズし続けるという作業が治療のメインステージになっていくと私は考えています。

　ただ，現在の感情と認知に気づけるようになった後もMBTによるメンタライズ力の改善は続きます。また例えば認知療法を行う上でもこの章で述べるMBTのエッセンス，マーク付きのミラーリング，ピンチにおけるメンタライジングの回復，ごっこモードへの気づき，転移トレーサーの作動，逆転移のメンタライジングなどを上乗せして活用することができますし，治療の停滞の打開策などとして効果の高まりが期待できます。ここまで述べたとおり，メンタライジングとは誰もが感情調整のために常に行っている心の作業です。その意味ではどんな心理療法の技法でもメンタライジングの促進を企図している側面はありますし，メンタライジングを促進するMBTのエッセンスは他の治療法に上乗せして用いることができます。また，治療のみならず保健福祉の分野における支援や教育においても幅広く活用できるのです。

　次節から，具体的なMBTの進め方と治療ガイド役（治療者）の心構えを説明していきたいと思います。

9.2 MBT 治療者のスタンス

(1) Not Knowing, 知ろう・尋ねよう・理解しよう

　MBTを行う治療者のスタンスとしてまず習得せねばならないのが,「Not Knowing」の姿勢です。日本語で「知らない」と訳してしまうと無関心のようなニュアンスが漂いますし,「無知の姿勢」と訳すこともありますが,これは「すぐに分かってしまわない」ということです。日本の精神科・心理臨床現場では「言わなくても分かってくれる」のが「名医」「良い看護師さん」「分かってくれる先生」と呼ばれる傾向が強いです。日本社会自体が,「阿吽の呼吸」「ツーカーの仲」「黙って座ればピタリと当たる」など,「言わなくても分かってくれる関係」を最高の人間関係と位置付ける文化であるように思われます。しかしMBTではこれを戒めています。何年も通っている患者さんでも今日の話を「分からない」というスタンスで聞きましょう。「分からないな」と思った箇所,曖昧な点を「そこをもう少し詳しく聞かせて」と伝えます。治療者・支援者の合言葉は,「知ろう・尋ねよう・理解しよう」です。これが,本人がまず自分の心を見渡してみよう,光を当ててみようと思えるための初めの働きかけであり,「マーク付きのミラーリング」を治療技法にしたものです。ただ,積極的に質問する姿勢が治療者の理解のための尋問にならないようにしなければなりません。「知ろう・尋ねよう・理解しよう」という姿勢を示すこと,「治療者がメンタライズした本人の心」をミラーリングすることは,あくまでも「本人による本人のメンタライジング」の呼び水であって,「先生が私のことを私以上に分かってくれる」と安心させるためのものではないということを忘れないでください。

(2) 治療者自身の柔軟なメンタライジング姿勢

メンタライジングは自己・他者の発言・行動の背景にも光を当てて見渡せる力であり，他者をメンタライズする見方はできるだけ1つに凝り固まらず，いろいろな見方ができることが大切です。治療の場で本人にとっての「他者」はまず治療者です。治療者と本人は，共に本人の心をメンタライズする練習をするのと同様に，治療者の心についてもメンタライジングを試みるという技法も多用されます。両者が見渡し考えた結果はずれていて当然ですし，どちらが正解ということはありません。治療者はいつも当事者のメンタライジングにおける自分の間違いに気づいたり，自分自身について当事者から指摘されて見直したりするという姿勢を示すことが大切です。

9.3　MBT 導入前の治療準備ステップ　診断シートの共有と動機づけ

聖アン病院のパーソナリティ障害治療専門ユニット，Halliwick Unitでは，初診からグループセラピーと個人セラピーによる MBT に入れるまでの間を治療の初期段階と位置づけ，数回の評価面接を行い，その上で本人と問題の性質や治療の内容について契約の話し合いを行います。ここでは後に紹介する心理診断シートの共同作成や危機が起こった時のプラン作成，期間・ルールなどの契約を行います。その後 MBT-I と呼ばれる心理教育のシリーズが10回前後あり，その後 MBT に入ります。

私が聖アン病院に見学に伺い一番知りたかったことは，なぜ BPD の人たちがグループセラピーに取り組んで治療していけるほど治療に積極的になれるのかということだったかもしれません。解離や嗜癖を含めた境界性パーソナリティ傾向を持つ人の治療スタートで極めて大切なのは動機づけです。これらの病気は「心のイガイガをメンタライズせずに不適切な行動で排出する病気」ということができます。彼らが治療を受け

たいと思うきっかけは初めこそ「この不適切な行動を治したい・やめたい」というものですが、治療が始まれば徐々に「不適切な行動を手放すのは怖い、どれだけ手放すことができないほど大変か分かってほしい」という反対の動きが優勢になり、治療を破壊する行動が繰り返されるか、「治療者だけが治したいと思っている」状態に陥り本人の治療動機はすぐに行方不明になってしまうのです。それに対し現地で学んだことは、その動機づけを形成しているのは「Not Knowing」に始まる治療者の姿勢や、徹底的に本人の取り組みのために情報を共有する考え方、グループの力、治療ユニットの場が持つ雰囲気、当事者たちがMBTを受けるまでに一般的に長く待たねばならないイギリスの医療システムなど本当に多様な要素の複合であるということでした。

　その中でもMBTにおける治療の動機づけの特徴をとてもよく表していると思うのが、設定面接にて「力動的定式化の〈心理診断シート〉を本人と共同で作成していく」という面白い項目です。力動的定式化とは、精神分析療法に入る前に診断面接を複数回行い、その人が育ってきた環境、養育体験、重要な出来事などを詳しく話を聞き、その患者さんの病気の水準、神経症レベルか、精神病レベルか、その間の境界レベルか、ということや、特徴的な防衛パターン、対人関係パターンなどを評価するものです。精神分析ではこの内容をある程度伝えて治療の目標を定める、というような用途に使います。MBTでも同様に評価面接を行い、対人関係パターンやメンタライジングの偏りの特徴を評価し、まとめた心理診断シートの原案は診断した専門家が作成するのですが、最後の仕上げは設定面接で本人と共同で行うということです。これについて、私がBateman先生に質問した時の回答を私が記録したものを紹介します。

☆ Asking Dr.Bateman ☆

　Q. 力動的定式化を患者さんと共有するんですよね？

第9章 メンタライゼーションに基づく治療（MBT）のすすめかた　　153

A. そう。これは患者さんにあげるんだ。一緒に書いてね。彼らの理解を助けるように。精神科医の理解だけを助けるような使い方は絶対しない。患者にこれをあげて「ほら見て，ここで明白な考え方をしているでしょう？」と。これが私たちが作っている力動的定式化だよ。これはしばしば「あなたのことを考えているよ」ということを見せることにも役立つ。これは患者さんにどう見せるか，示すかが肝心なんだ。「これが専門家のいうあなたのあり方です」，という示し方ではなくて，「この問題について，あなたについて私が考えたことなんだけど」という示し方にすることが大切だ。作っているとどうしても長くなってしまうけど，1ページを超えちゃいけない。超えるともう読めないからね。

　MBTでは，本人が知らない問題や病理を治療者だけが把握するという方法は採らず，何でも本人の自己理解や治療の動機づけに活用していくということを分かっていただけたと思います。これは私も実践しています。私が作成した診断シートを読んで，それまでとても消極的で受け身的だった患者さんが，身を乗り出して不満げに私の書いた内容に疑義を唱え，修正してくれます。その話を聞いて，私の見立てのズレを一緒に修正しシートを作り直していくのです。

　心理診断シートの最後には，「この治療でどうなりたいか」という項目を作っておきます。先に述べたように，BPDの治療は徐々に「治す責任」が治療者一方に移っていき，本人は「どれだけ治るなど考えられない危機的な状態か理解してほしい」という位置にはまりこんでしまいます。初めに，「変わりたいと思ったきっかけ」「不適切な行動に支配される生活のデメリット，卒業したい気持ち」「どんなことができるようになりたいか」というテーマについてしっかり話し合い，本人の言葉で話してもらい，それらをできるだけ覚えやすいフレーズにして心理診断シートに記載して共有しておきます。

これまで私が本人たちと共有したフレーズの例を挙げてみたいと思います。

・「もしまた仕事に行けたとしても，無理に笑いたくない」
・「父親という役割で生きたい」

本人自身の言葉だからこそ，ヨソモノ自己に圧倒された時にふっと自分を助けてくれるのです。診断シートを作成しながら，今後治療のピンチが来たらそこに立ち戻ろう，という申し合わせをしておくと，のちに必ずそれを活かさねばならない時期が来ますので，その際に役立てることができます。

この，「どうなりたいか」を共有する作業は，治療者側に注意深さと慎重さが必要です。彼らは，「自分のせいでこうなったのではない」という思いが強いため，「あなたの治療目標は何ですか」といきなり投げかけられると突き放されたように感じてしまいます。私はこの問答で患者さんから「目標ってそれはお前（医者）が考えるもんだろうが！」と毒づかれたこともあります。目標・テーマはどちらか一方が背負うものではなく，共同で作り，共有するものであるというニュアンスを大切にしてください。Bateman は MBT を学ぶ人に対し，動機づけ面接法（motivational interviewing, Miller W., Rollinick S.）を学ぶよう勧めて，「BPD を治せるわけではないが，治療の導入には有効である」と伝えていますので，参考にしてください。

毒づくということにはならなくても，「どうなりたい」という言葉が1つも出てこないことがあります。遠ざかり BPD の図 7.5c（p.105）を見てください。彼らは二度と 100% 幻想と見捨てられ不安の強烈な葛藤の濁流に飲み込まれまいと，自分からはるか遠くに塀をつくって他者との距離を取っています。それは何も期待しない，生きるという上で一切能動的にならないという防衛方法なのです。そのような彼らがホイホイ

と「はい,自傷をやめたいです」とは言えないのです。
　「遠ざかり」が強い人の「どうなりたい」づくりのやり取りを紹介します。私は動機づけ面接法について皆さんに紹介できるほどの経験はありません。私なりに『これからの治療を共有しよう』というメッセージを送っているニュアンスを感じ取っていただければと思います。

　私〈治療を本格的に始めるにあたって,あなた自身が自分と向き合うしんどい作業ですから,いつでも立ち戻れるように何かあなたが「こうなりたい」ということを私たちの間のキーワードにできたらなぁと思うんです〉
　A「何もないです」
　私〈そうか……〉
　A「来なきゃいけないと言われるなら来ますけど。死ねなかったから生きてるだけ。あの時死んでおけばよかった」
　A「先生は私が私自身に向き合うというけど,ここに来てこれから私がペラペラとしゃべったらそれを本当の私だと思うのでしょう」
　私〈うん……いや,そりゃ困る。でも,治療をとおして,「死ねなかったから」だけじゃなくて生きてる感じっていうのが見つかったらいいなぁ〉
　A「そりゃ私だって生きたかったですよ……」
　私〈そうだよね……。じゃあ「こうなりたい」は,おいおい芽生えてきたらいいなぁってことで……〉
　A（無言）

　「こうなりたい」という言うわけにいかない遠ざかりBPDの人とのこのようなやり取りは皆さんも経験があるかもしれません。しかしこの次の面接で,Aさんは「こうなりたい」と言わないまでも,アルバイトをすぐに辞めてしまった話から,「他のみんなが当たり前のようにで

きている社会生活が，怖くてたまらない」と，「今困っていること」を自ら語ってくれました。このやりとりの大切な点は，彼女の遠ざかりというスタンスをそんなに甘いものだと思わないでほしいという思いを私が改めて受け入れたことと，治療を「受けたい」とは言えないけれども本当は受けたいんだという2人の間にある空気を共有したということです。内なる感情を言葉にする作業は大切ですが，治療者が「目的論的モード」に陥って内なる言葉になっているものを口に出させることにこだわる必要はなく，逆に抵抗を強める結果になってしまいます。また，このような展開になることを予想しながらも冒頭で〈あなたの「こうなりたい」が必要だ〉というメッセージを伝えています。本人にとってこれは初めから分かっていることですが，治療の主体は自分であること，その主体を私が肩代わりすることはしない，というメッセージを送ることでむしろ本人も安心して治療に臨めるのです。

9.4　治療の技法　5ステップの介入

　ここから，MBTにおける5ステップの介入に入っていきます（図9.4）。MBT初期のテキストや論文に，私が2010年にロンドンで参加したワークショップで学んだ事柄や，私の臨床場面での試行錯誤の経験を加味したものです。まずこの5ステップとは，<u>ステップ1から5まで順番にこなしていくような，いわゆる「治療時期」のステップではなく</u>，浅い順から連続して深くなっていく「介入の深さ」を表すステップです。連続している各ステップはオーバーラップする部分も多分にあります。そして介入のステップが深まるほど「支持的」である度合いは小さくなり，その分「探索的」になっていきます。ステップを1段ずつクリアしては次のステップに進むというものではなく，いつでもチャンスがあればステップ5まで介入を深めるし，本人の緊張が高まりメンタライズ力が落ちている場面ではステップ1などより浅い介入に戻りま

第9章　メンタライゼーションに基づく治療（MBT）のすすめかた　157

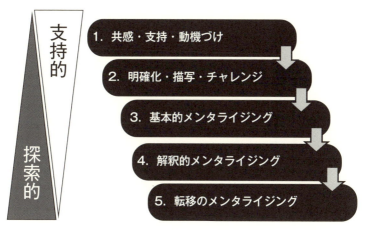

図9.4　メンタライジングを促進する介入の5ステップ

す。ただ，治療開始時はゆっくりとステップ1，2と進み，ステップ3の「今，ここで」のメンタライジングに慣れてくればその後はそれを基本にいつでもステップ4，5に踏み込める治療関係をつくる，というイメージで読んでいただければと思います。

【ステップ1】　共感・支持・動機づけ

　前節のように丁寧に治療準備ステップを踏み，MBT治療をスタートしていきます。まず第1ステップの目的は，「メンタライズする」ということに良いイメージを持てるように働きかけることです。このステップにおいては治療者のスタンス，「Not Knowing」「知ろう・尋ねよう・理解しよう」が最も大切です。治療準備ステップで行った動機づけから引き続き，これから始まる治療への動機づけが強められるように，本人が変わってみたい，こんな風にできるようになりたい，自己と他者の心に光を当てると何かが変わりそうだという予感を感じるように関わっていきます。治療が進んだ後も，メンタライジングの姿勢を保つのが難しくなるような局面では一旦ステップ1に立ち戻ることが必要になる場合

もあります。

　このステップでは自由にあったことを話してもらいます。治療者は興味を持って質問し、その出来事の話をなぞって「治療者の理解」をちょこちょこチェックします。

- 「今あなたが話したことを私が理解しているように言うと……」

というふうに、治療者の理解を治療者の言葉で伝えます。そこで、「いやいや、そうじゃなくてこうです」と自分の言葉で修正してくれたりするとチャンスです。より興味を示して、治療者の理解を修正していきましょう。

　聴く治療者は、安易に分かってしまわないことが大切です。本人がそれを話す前から「なるほど、彼はそれを自分への攻撃と捉えちゃったんだね」などと先に分かってしまうことのないようにしてください。「Not Knowing」の姿勢とは、治療者が「ちょっと曇った鏡」になって相手を映し出しつづけることです。少し曇った鏡に自分が映っていると近づいてもう少し確認したくなるように、本人が自分と他者の感情を自分の口で語る言葉を引き出していきます。まず、治療の場を本人が自分の感情を扱える場所にしていくことが重要です。専門家に傾聴してもらった経験がある人なら分かると思いますが、自分の心に光を当てて理解しようとしてもらえる体験はそれだけでとても支持的で大きな安心感を与えます。メンタライズ力の乏しいBPDの治療であるMBTではその安心感にいつでも立ち戻れるようにしておくことが大切です。

ステップ1　共感・支持・動機づけ
- 自由に安心して話せる雰囲気づくりのための「知ろう・尋ねよう・理解しよう」
- 安易に分かってしまわず、「Not Knowing」の姿勢で。
- ちょこちょこ治療者の理解をチェックする。

「今あなたが話したことを私が理解しているように言うと……」
・まず治療の場を，本人の感情を扱える場所にしていく。

【ステップ２】 明確化・描写・チャレンジ
●明確化・描写

　ステップ２は本人の感情⇒行動という一連の流れを言葉にしていく作業を行います。「行動」の前に「感情」があることに注意を向けていきます。面接ではなんでも自由に話すように伝えますが，やはり治療の特性上「嫌な思いをしたこと」「自己破壊的な行動をしてしまったこと」というテーマのエピソードが取り上げられやすいと思います。本人は否認や解離などによって自分の自己破壊行動が自らの意思ではないことにしておきたがります。「いつの間にか（手首を）切っちゃってみたいで」と人ごとのように話します。そこで出来事や行動を振り返ってもらい，それぞれの場面でその時の感情を言葉にしてもらいます。特に「気持ちがモヤっとして明瞭ではない部分」については「？（クエスチョンマーク）」を投げかけてもう少し言葉になるよう援助します。

- 「ふーむ。その時はどんな気持ちだったの？」
- 「え～，そういう時ってどんな気持ちなんですか？」
- 「その時彼はどうしてそんなこと言ったんだろう，あなたはどう思ってるの？」

など，流れを止めない相槌くらいの明確化によってストーリーを紡ぐ作業を進めていきます。私自身は日常の臨床にメンタライジングの視点を採り入れてから，患者さんに「質問する」回数がぐんと増えたように感じています。日本語の文化では「質問」は問い詰めや反語表現による否定（「どうしてそんなことしたの？」＝「そんなことすべきではなかったのに」）のニュアンスで使われることが多く，多くの人は質問されると身構えてしまいます。ですから日本でメンタライズ力の成長を促すア

プローチを進めようとする人は，相手を身構えさせない問いかけ方をたくさん習得して，必要な場面では躊躇なく質問できるように練習しておくこと，また治療の初期からどんどん質問して，答えているうちに新たに自己発見できた体験を積み重ねてもらい，「この治療はどんどん問いかけられて考えさせられる場だ」「治療者はどんどん質問するけど私を圧迫する意図はない」と感じてもらっておく方が，この後の治療もうまくいきます。

作業がうまくいかない典型的な状況は，「よくしゃべるけど，周囲の状況説明ばかりで自分の感情が言葉で出てこない」状態で，これは心の伴わない一般論，全般化された話や優等生的な回答を続ける「ごっこモード」と呼ばれます（第3章2節参照）。このモードではメンタライジングが深まりませんので，少しずつ介入のインパクトを上げていかねばなりません。

●チャレンジ

特に本人が直面したくない葛藤，隠し持っていた見捨てられ不安をひそかに掻き立てられていた時，「話が飛躍し，一番大事な場面での感情の部分が抜け落ちている」ような話しぶりになります。これは重要な局面で，原始的な病理的防衛機制である「回避（否認）」「感情隔離」が使われて自分の感情がマンホールの下に隠蔽されてしまっている可能性があります（第8章5節参照）。治療者がそのような場面で違和感を抱けば，本人に「チャレンジ」します。すなわち立ち止まって考えてもらうよう促します。

- 「ん？　そこについてもう少し言葉にして」
- 「え？　そこどうしてそうなったのか分からなかった，もう一度お願いします」

など，本人にちょっとした驚きを持って一旦停止してもらうようにします。できるだけユーモアを交えた雰囲気で，本人が攻撃されたと感じな

いように，「間違いの指摘」ではなく「共同の探索作業」のように伝えましょう。

◇ Stop and Stand

同様にせっかく感情に焦点が当たっていたのに話がそれ始めている場面では，今の話題に踏みとどまるよう促しますが，これを「Stop and Stand」と言います。

- 「もうちょっと我慢してこの話を続けましょう」

本人の話は出来事から自己破壊的行動まで，または状況から別の状況の話へと感情を省みることなく話が流れていきます。引っ掛かりのない流しそうめんのようなものです。治療者は流しそうめんの流れにお箸を入れるように，「？（クエスチョンマーク）」を差し挟んでいくのです。この作業もやはり Not Knowing が大切です。本人が怒りという感情について話す前から「そりゃあなたは腹が立ってたんですよ」などと伝えてはいけません。先に述べたように「感情を言い当ててくれる」のが良い治療者と捉えられがちな日本の文化の中だからこそ，Not Knowing をしっかりと意識して習慣づける必要があります。この本人の感情をいきなり言い当てずに，どんな感情が湧いているか共に探求しようと接していく姿勢は，「マーク付き」ミラーリングであるとも言えます。

しかしどうしても初めに本人から感情を表す言葉が何も出てこない時もあります。その際には暫定的に，本人ではなく治療者自身の観点であると分かるように想像した感情を伝えてみます。

- 「そんな状況だったら私なら心細いと思うけど，どう？」

呼び水を使ってメンタライジングを手助けするのです。例えばもしあなたが小学生の勉強を見てあげているとして，子どもが算数の難問に四苦八苦している時にあなたが横から「こうすればいいんだよ」といきなり答えを教えてしまったらそれはその子の学習につながりません。「どこかに1本線を引いて考えてみてごらん」とか，「図形をちょっと回転させて見てごらん」などと視点の転換の呼び水となるようなヒントを投

げ入れて思考の活性化を促すでしょう。そのようなイメージで，メンタライジングの呼び水も「本人の思考と言葉を呼び覚ますため」だけに伝えるのです。

　これらの作業をとおして，「(1) 出来事→ (2) 感情→ (3) メンタライズできず，または歪んだメンタライジング→ (4) 破壊的な行動（結果）」という心のストーリーが紡がれていきます（出来事の再構築）。うまくいくと，気づいていなかった自分や相手の心を発見した喜び，「快」を感じることができます。本章1節で書いたように，外傷的育ちを生きた人にとって自他の気持ちを見ることはとても恐いことで，見ないようにしているうちにそれを見る目が育たないままになっているのです。ステップ1で重視したミラーリングされる安心感・サポートされていると感じられる環境があって初めて，心を「発見する喜び」を共有することができます。

ステップ2　明確化・描写・チャレンジ

●明確化・描写
　・明確化：その時々の感情に光を当てていく。治療者は圧迫感を感じさせない問いかけに習熟すること。
　・描写：出来事を振り返る，感情を細やかに描写していく。
　「ふーむ，その時はどんな気持ちだったの？」
　・出来事を再構築する。出来事→感情→メンタライズできず→結果（破壊的行動）：心のストーリーを紡ぐ。心を発見する「快」を得る。

●チャレンジ
　・ごっこモードなど，非メンタライジングプロセスを一旦停止させ，修正を促す。
　「ん？　そこについてもう少し言葉にして」

- STOP AND STAND：探索から外れないように，「もうちょっと我慢してこの話を続けましょう」
- どうしても感情を表す言葉が出てこない時は，暫定的に治療者自身の観点を一人称で伝えてみる。

【ステップ3】 基本的メンタライジング

●「今，ここで」のメンタライジング

「その時，そこで」起こった感情を振り返る作業を続けて，そこにあった感情を言葉にすることがこの治療のテーマであるという共通認識ができてくれば，徐々に「今，ここで」のメンタライジングを入れていきます。「その時，そこで」の話をしているうちに，または治療者の言葉に反応して，ソワソワと脚をゆすったり椅子を動かしたり，身体の一部を頻繁に触ったりというサインが現れたら，心に何かイガイガした感情が湧いているのかもしれません。その時には「今，ここで」の感情を言葉にしていきます。

- 「今，どんな気持ちが湧いてるのかな……」

「その時，そこで」の感情を引き出す時よりも，より慎重に「詰問調」にならないニュアンスを工夫してください。「質問する治療者と答えねばならない私」ではなくて，「知ろう，尋ねよう，理解しよう」の雰囲気を感じられる場でなければこの作業は侵襲的になってしまいます。

◇緊張が高まったときは易しいメンタライジングに戻る：

この点については全ステップに言えることですので，のちほど本章5節（1）で詳しく述べます。「今，ここで」特に治療者に対して湧いてきた感情を面接の場で表出するということは治療者も緊張しますが，本人はもっと緊張しています。図9.5のグラフ（p.185）にあるように緊張が高まるとともにメンタライズ力が落ちてきますので，クールダウンを

用い，ステップ1，2のより浅い介入による易しいメンタライジングにより緊張を緩和しながら，メンタライジングを維持するように援助します。

●止める・巻き戻す

　個人面接場面や，MBTによるグループセラピーのセッションの中で本人（たち）の感情が動いた時，それはとても重要な局面でその感情表出を援助し言葉にしてもらうことも大切ですが，その動きが大きかった時に治療者が共感・支持するだけでは感情が流れていき，その心理背景をメンタライズするチャンスを逸してしまう恐れがあります。個人・グループで大きな動きがあった場合には次の2つの方法を使います。

　◇止める・聞く・見る：何か動きがあった時に，話を止め，その場で今起こっていることを聞き，見る（探索する）ということです。

- 「今Aさんがどうしてそうしたのか，どなたか気づくことありますか？」（グループセッションでの例）

単に聞くだけでなく，補いながら聞く場合もあります。

- 「彼女は無視されていると感じ始めているかなぁと思うので，誰か何か手助けできますか？」

　◇止める・巻き戻す・探求する：大きな一連の動きがあった時に，少し前に巻き戻って探求します。たとえばBさんがAさんの言葉を必要以上に被害的に捉えて反応した場合，Bさんが被害的に捉えた火種はAさんのその言葉だけでなく，そのセッションのそれまでの言葉のやりとりや，場合によっては前回までの会話の中にあるかもしれません。そのような場合は，巻き戻して振り返りながら，Aさんの言葉の背景やBさんがメンタライズした内容を探求していくのです。これらの作業は個人面接でも同様に行います。

●本人の「治療者体験」に光を当てる

　ステップ5の転移のメンタライジングへとつながっていく作業です。BPDの治療では早期から治療者に対して投影同一視が始まります。ヨソモノ自己や，幼少時の痛みのある養育者への感情を治療者へ投げ込むのです。すると現実や治療者の思いと本人の捉え方にズレが生じてきます。そのズレをメンタライズしていくことがBPDの治療の本筋になっていくのですが，ステップ3ではまず丁寧に本人が心の内で治療者をどう体験しているか，「治療者体験」に光を当てます。

∽サナエさん∽

　前回の診察でサナエさんは「毎週の診察は苦しいから2週間空けたい」と希望し，私が〈いいですよ，では次回は2週間後にしましょう〉と応じて診察を終わりました（と，私は記憶しています）。1週間後電話で予約を取り直し診察に現れたサナエさんは，自傷行為が止まらなくなったと語りました。その理由を尋ねると，「先生にもう来なくていいと言われたから」と答え，話を続けようとしました。

私〈ちょっと待って，一度振り返りましょう。予約を1週間延ばすという話はどこから出たんだったっけ〉

サナエ「私が言いました」

私〈それを私がOKしたんだったね〉

サナエ「そうですけど……」

私〈それで，『先生はもう，来なくて良いと言ってる』と感じたのね〉

サナエ「そうです」

私〈予約を1週間延ばしたい，という言葉が出るまでの会話の時に湧いた感情について振り返ってみようか〉

サナエ「先週，年金の申請も考えたいという話をした時に，先生が怖い顔をしたのがどうしても気になった」

私〈え？　怖い顔……？　どうして怖い顔をしていると思うの？〉

サナエ「症状がそんなに大したことないのに年金を取りたいとか言ってる，と」
私〈それでどんな気持ちに？〉
サナエ「自分で何とかしなきゃいけないんだと」
私〈それで2週間にしてくださいと〉
サナエ「はい。それで先生がいいですよ，といったので，私はどこも悪くないのに認識が甘いだけで，ここに来ちゃいけないということかなと……」

まず，『止める』ことから始め，次に『聞く・見る』作業を行います。サナエさんのように「私が言いました」と，本人が正確に見ることができれば良いですが，記憶が違っている場合は治療者が一人称で「私の記憶では～」と伝えて互いの認識にズレがあることを確認します。その後，この状況の背景を探索するために，『巻き戻し』の作業を行っていきます。『巻き戻し』では，サナエさんが「先生が怖い顔をした」と感じた「治療者体験」に光を当てていきます。すると，自分が「年金を取りたい」と希望した時にそう感じたことを話し始めます。「年金を取る」というのはお金にも関わることであり，それを希望することに彼女自身が葛藤を抱いていたのかもしれません。彼女の中の「年金を希望するべきではない，がんばって働いて収入を得るべきだ」と思っていた方の彼女が治療者に投影され，治療者からそのように責められたと感じたのでしょう。その結果彼女は，「私はどこも悪くないから先生は来なくていいと思っている」と感じていることを振り返ることができました。この感じ方にはサナエさん特有のメンタライジングの癖が潜んでいそうです。私のことを，「表向きは私の話を否定せず聴いてくれるけど，裏では（とても働くことができないほどの）私の辛さを理解せず私のことを要らないと思っている人」と体験していたのかもしれません。この会話ではすんなり最後の言葉にたどり着いたように聴こえますが，最後に

サナエさんが述べた言葉は彼女がそれまで自ら意識できていたわけではなく，丁寧にストーリーを紡いでいくやりとりの中で自然にメンタライジングが引き出されるものなのです。

まずステップ3ではこのように「あれ？」と思うような「？」ポイントを見逃さず，「私とあなたの感じ方のズレ」を見るために立ち止まり，本人が治療者をどう体験したか，メンタライズするということを目指して作業します。

ステップ3　基本的メンタライジング

● 「今，ここで」のメンタライジング
 ・「今，どんな気持ちかな……」
 ・緊張が高まっている時には易しいメンタライジングに戻る。
● 止める，巻き戻す
 ・止める・聞く・見る：
 ・「今Aさんがどうしてそうしたのか，どなたか気づくことありますか？」
 ・止める・巻き戻す・探求する：
 ・「ちょっと戻って何が起こったか，振り返ってみましょう」
● 本人の「治療者体験」に光を当てる
 ・体験と客観の違い・ズレがあることを発見する作業から始める。
 ・本人の心の内で，治療者がどう見えているかを言葉にしてもらう。

【ステップ4】　解釈的メンタライジング

徐々に1つ1つのメンタライジングをつなげて形にしていき，「その人のメンタライズ様式を定式化していく作業」です。

人間は誰でも「対人関係の鋳型」のようなものがありますが，投影同

一視によって何とか生きているBPDの人々の場合はその「鋳型」はより色濃く現れます。「鋳型」とはタイヤキを焼くためにタイの形が彫られた鉄板のように，同じ形のものをたくさん成型製造するための道具です。タイヤキの鋳型を使えば同じようなタイヤキがどんどんできていくように，「対人関係の鋳型」によってどの人と関係を作っていっても結局同じような捉え方，その人の見方，関係の作り方，壊れ方をしてしまうのです。そこに鋳型があることを共に認識し，その鋳型の性質を見ていく作業が「解釈的メンタライジング」です。

●転移トレーサー（探知機）を作動させておく

　本人が治療の中で「鋳型」の存在を認めてその性質を見るという作業に最も入りやすいのはいつでしょう。それは「今まさに，また同じ形のタイヤキができた時」，すなわち面接の中で治療者との関係が「鋳型」によって同じ形のタイヤキになっていった瞬間です。ステップ3のサナエさんは，「予約を1週間延ばしたい」という言葉から彼女特有の治療者体験が明るみに出ましたが，感じ方や行動に本人の「鋳型」が色濃く現れれば，その瞬間が鋳型の存在を認めてその性質を見ることができる大きなチャンスなのです。このチャンスを逃さないために，治療者は基本的メンタライジングを行いながらも，本人と治療者の間に本人の「対人関係の鋳型」となる対人関係パターンが再現されていないかを察知できる「転移トレーサー（探知機）」をいつも心に持っておきましょう。面接の中で「鋳型」を探知することができれば，ステップ4で行動パターン（鋳型）を理解し，ステップ5「転移のメンタライジング」で鋳型が作動していることをその場でメンタライズする練習を行うことで，今度は自傷行為という結果が出る前に面接を経ずとも本人が自分で「これはいつものパターンだな」と気づける力をつけていくことが目標です。

●発言と全般的特徴を関連づける／自分のパターンを把握し，同定する

　本人の発言の中に「鋳型」が現れた時に，それまで探索し理解してきた本人の全般的な対人関係パターンと関係づけて伝えます。そして，今と全般の関係づけに気づくことができたら，自分の対人関係・行動パターンを把握し，同定していきます。

　私〈『来なくていい』と言われた気持ちの中で，『予約を1週間延ばしたい』という言葉が出た。何かこういう時いつも自分から身を引くような言葉を発してしまうってことはないかな〉（**発言と全般的特徴を関連づけ**）

　サナエ「『来なくていい』とか『要らない』とか言われるより早く私の方から距離を置く，ということはあるかもしれない」

　私〈『来なくていい』とか『要らない』と言われる，というのは自分が見捨てられるような状況ということかな〉

　サナエ「それはそうです。見捨てられるというのは耐えられないから。『このまま見捨てられる苦痛を味わうよりはマシ』という気持ちで距離を置いてると思う」

　私〈そうかぁ。じゃぁあなたには『このまま見捨てられる苦痛を味わうよりはマシという気持ちで距離を置く』という癖があって，今後またその癖が出てくるかもしれない，ということを2人とも憶えておこうか〉

　このような形で対人関係・行動パターンをメンタライズすることができれば，それを短いフレーズにして共有できるようにします。

●転移と治療との関連を示す

　なぜこのタイミングでサナエさんと治療者の間で対人関係パターンの癖（鋳型）が現れたのでしょうか。第7章5節（1）「試し行動」と（2）

「遠ざかり」をもう一度見てください。治療が進み治療者との関係が近づき，分かってもらいたい・近づきたいという感情が高まり始めると同時に見捨てられ不安が高まり，「近づきたい⇔近づくのが怖い」というアンビヴァレンスの葛藤に耐えられず，「遠ざかり」という方法をとろうとしたと見立てることができます。また一般的に BPD の治療では治療者との関係が近づくと投影同一視が起こり，本人が心の内に持つヨソモノ自己や虐待的な親イメージを治療者に投影し始めます。初め「治したい」ための通院だったはずが，「この人も（世界の他の人間と同じく）私を虐待して不正利用するだけだ」ということを確かめるための通院，投影同一視の受け皿のための治療に変わっていってしまいます。そのような「治療者イメージ」や本人と治療者の関係の変化を共有し，起こりうる治療の危機的場面を乗り越えるためにも，このような「パターンの同定」を行っておくことが必要です。そういう意味でパターンを同定した後に，

- 「今後またその癖が出てくるかもしれない，ということを 2 人とも憶えておこうか」

またはもっとはっきりと，

- 「あなたと私の間でも，これと同じパターンのことが起こり始めている，とも考えておきましょう」

などと伝えておくことも重要です。

さらにここからはステップ 5「転移のメンタライジング」の内容に一部オーバーラップしていきますが，私はさらに，次に鋳型が現れた時にすんなりと転移の探索に入れるように，または本人が自分でも探索できるように，「パターン」に「行うべき作業」をくっつけてキーワードにします。サナエさんの場合，例えば〈身を引きたくなったら振り返り〉というキーワードを共有すれば，その後の治療でいろんなことが起こった時に次のようにスムーズに「探索」に入ることができます。

- 「『身を引きたくなったら振り返り』だったね？　今は私との間で

第9章　メンタライゼーションに基づく治療（MBT）のすすめかた　　171

そのパターンが起こっているかどうか考えてみようか」

　もしサナエさんとの治療で〈身を引きたくなったら振り返り〉のキーワードが既に共有されていたとしたら，彼女が「毎週は苦しいから診察を2週間空けたい」と話した際にこの呼びかけによってすぐにメンタライジングに入ることができたかもしれません。それはステップ5「転移のメンタライジング」にあたる作業です。

　この項ではもう1つの臨床場面を提示します。

∞エリさん∞

　エリさんは幼少時に父親からかなり酷い身体的虐待を受けてきたそうです。生まれて一番早期の記憶が，「父親に空き缶を踏みつぶされるように自分を踏みつけられていた」という場面でした。職場で陰湿なイジメを受けている状況でパニック発作が現れ，通院を始めました。通院後数年のうちに何度か転職したのですが，どの職場でも毎回いじめられる状況に陥り退職していました。彼女の職場でのエピソードを聞くと私にも怒りが湧いてくるほどなのですが，彼女自身の怒りの感情について焦点を当てても「私には怒りはありません」と否認するばかりでした。私は少しずつ彼女が冷静な口調で「断罪するように」人を評し，一方的に人間関係を断つというパターンを繰り返していることに気づき，それを少しずつ共有しながらパターンを同定していきました。そして，〈人との関係を切りたくなった時には怒りが隠れていないか見てみる〉というキーワードを本人と何度か共有していました。これから紹介する場面は治療を始めて数年経過後のある面接です。1か月前に初めて「先生のプライベートが気になる」と話したのですが，その気持ちを深めることがうまくできていませんでした。この面接は強い投影同一視とともに情動が激しく動いており，治療関係が壊れるかもしれない危機的な場面です。

エリ「お世話になったのにあれですが，主治医を代えてください」
私〈え？　どうして？〉
エリ「弟が『独居するなら月5万円出してあげる』と言ってくれた話をした時に先生が鼻で笑ったのが気になって」
私〈いや，私は笑っていないと思うよ。どうして笑うのかもわからない。だけどあなたからは私が笑っているように見えた〉
エリ「笑いました」
私〈そう見えてしまったらごめんなさい。でもどうして私は笑った，と思ってる？〉
エリ「現実というか，月5万円くらいで生活できるはずがない，と。どうしても理知的な感じを見せられると恐怖感しかない」
私〈ん？　理知的ってどういうこと？〉
エリ「ずっとそういう人が苦手だったし。前回診察の後から父親が夢に出てくる。子どもの頃父はいつも理知的に私を追いつめてあざ笑った」
私〈「理知的」は「笑われる」につながって恐怖感につながるんだね？じゃあ主治医を代えてほしいというのはかなりお父さんへの感情に影響されてない？〉
エリ「……そう言われると先生とお父さんがごっちゃになっているというのはそうかもしれない。でも恐怖感が出るともうどうしようもない……」
私〈うん。今恐怖感が高まってるね。一度深呼吸して落ち着こうか〉
（その後少し落ち着きを取り戻し，しばらくは「理知的」に見えたやりとりについて明確化するような会話を続けた）
私〈今日のことは，この前の『人との関係を切りたくなった時には怒りが隠れていないか見てみる』に当てはまらないかな〉
エリ「恐怖感じゃなくて怒りですか？　う〜ん，先生には結局私のことは分からないだろうという思いはありました。惨めな気持ちを

認めたくないというか。たぶん私の癖が出ているとは思う」

　ステップ2で流しそうめんに「？（クエスチョンマーク）」を投げ入れると書きましたが，この日は激流のような流しそうめんです。まずは何とかついて行って「？」を投げ入れていかねばなりません。このケースでは，「治療者が笑った」というエリさんの治療者体験（ステップ3）は私の主観とずれており，ずれているという私の主観をまず明確に示します。前回のやりとりでの私の姿に，「理知的に，そして鼻で笑うように彼女を追い詰めた父親」と治療者を重ね，恐怖感が急激に高まったために主治医交代を申し出たことが明らかになってきます。「転移トレーサー」を働かせなくとも気づくほどの強い転移感情です。少し混乱気味でメンタライズ力がやや落ちて来ていると考えることができます。「空き缶を潰すように自分を踏みつけた」虐待的な父親に対して抱いている強い恐怖と怒りを治療者に投影しており，まずは一度クールダウンの時間を取った方が良さそうです。このような時，治療者の方が「今回はとても大事なテーマがでた」と思っていろいろと振り返ってもらっていると本人が診察室を出た直後に失神したり，次回聞くと面接の内容を全く憶えてなかったり，ということもよく起こります。過緊張が解離性の失神・健忘を引き起こすのです。「転移のテーマは本人にとってとても侵襲的（ストレスが強い）である」ということを治療者が理解し，一旦会話をやめて呼吸を整えるなど緊張を下げるクールダウンを優先して，「そこに大きなテーマが潜んでいる」ことを互いに確認するだけにしておく，ということが必要になることもあります。

　今回の主治医交代の申し出は，治療者への感情の高まりの中で不意に噴き出してきた激しい恐怖と怒り感情に対して「即座に切断する」というエリさん固有の行動パターンのようです。「主治医を代える」要求によって治療者の心にも「見捨てられた」というダメージを与える，という攻撃的な衝動も含まれているかもしれません。この面接では自らの怒

り感情をはっきりとメンタライズするという作業までには至りませんでしたが,「パターンを同定する」という作業をしておくと,このようなピンチの時に比較的抵抗なく本人が否認している感情について話題に挙げることができますし,メンタライジングに至らなくても「自分の感じ方が絶対的に正しいわけではなかったかもしれない」という幅を持てれば感情は少しずつ調整できます。

> ### ステップ4　解釈的メンタライジング
> ●転移トレーサーをいつも動かしておく
> ・本人と治療者の間に本人の「対人関係の鋳型」による対人関係パターンが再現されていないかを察知できるようにしておく。
> ●発言と全般的特徴を関連づける
> ・「『来なくていい』と言われた気持ちの中で,『予約を1週間延ばしたい』という言葉が出た。何かこういう時いつも自分から身を引くような言葉を発してしまうってことはないかな」
> ●自分のパターンを把握し,同定する
> ・「『このまま見捨てられる苦痛を味わうよりはマシという気持ちで距離を置く』という癖があるということかな」
> ●転移と治療との関連を示す
> ・「あなたと私の間でも,これと同じパターンのことが起こり始めている,とも考えておきましょう」
> ・転移のメンタライジングへのつながり:「『身を引きたくなったら振り返り』だったね？　今私との間でそのパターンが起こっているかどうか考えてみませんか？」

第9章　メンタライゼーションに基づく治療（MBT）のすすめかた　　175

【ステップ5】　転移のメンタライジング

　「MBTでは転移は扱わない」と理解している方がとても多いのですが，それは大きな誤解を生む危険性があります。ステップ4までで同定された対人関係の「鋳型」は，本人と治療者との間にも自然に現れます。タイヤキの「鋳型」によって治療者との間でも同じようなタイヤキができていくのです。これが転移状況です。タイヤキができてしまった時にそれが自分の「鋳型」どおりであることを発見できることで感情を調整していくのがMBTの中で最も重要なトレーニングの局面なのです。ただ，元来精神分析用語である「転移」が持つ「幼少期の重要な人物（親など）との関係の反復」というニュアンスは大胆に取り払い，現在だけに焦点付けますし，さらに近年FonagyやBatemanがこの治療状況を「転移」と呼ばず，単に「関係」と呼ぶ方向に変化していることもあり，「MBTは転移を扱わない」と理解している人が多いのかもしれません。しかしMBTにとって従来の「転移」の本質的な状況，「治療者との間に自分の対人関係パターンが繰り返され，さまざまな感情が湧き起こる治療状況」が治療における最高の探索チャンスであり，大いに「扱う」ということに変わりはありません。

　一方でMBTでは，治療者が飛躍的になんでも転移に結び付けることを戒めています。MBTと精神分析療法における転移の扱い方の違いについてBateman先生から教えていただいた言葉を紹介します。私が聖アン病院の見学に行った際，若手医師がBateman先生のスーパーヴィジョンを受けている場面に同席させていただいた際のエピソードです。

☆ Asking Dr. Bateman ☆

　若手医師は，前回良くメンタライズできていた女性患者が，今回は非常に消極的で，「彼がメールに応えてくれなかった」と話した面接経過を提示しました。私はBateman先生に意見を求められたので，「私なら，彼女が『前回面接で治療者が自分のメッセージに

応えてくれなかった』と感じている治療者への転移感情の文脈で話をすると思う」と述べたところ,先生は次のように答えました。「MBTでは患者の話が転移の文脈かどうかということを一切識別しない。それは彼女のエピソードを『現実ではない』といっているのと同じだ。MBTでは彼女が彼との間で経験したすべてのことは,現実だ。そして正確だ。歪曲されていない。想像でもない。だから私たちはそのように解釈することは患者の経験を承認しないことだと考えている。承認しないことは簡単だ。だから私たちはそういう転移の文脈で話はしない。これがほかの転移を扱う精神療法とMBTとの重大な相違だ。君が精神分析家であればそれが正しいが,MBTではそうではない」

MBTでは本人が「その時・そこで」のエピソードを話している時には,それについてのメンタライジングを行っていくことを大切にし,決して「あなたは恋人の話をしているが実は治療者への思いを伝えているのだ」という捉え方・伝え方はしないということです。おそらくこれは精神分析が神経症やヒステリー・強迫神経症の治療から始まったのに対して,MBTは外傷的育ちの影響が大きいBPDの治療のための方法論であるという点から,古典的な精神分析的な『解釈』はBPDに「治療者は私が何も言わなくてもすべてを見抜いているのだ」という万能視・融合幻想や,逆に心的等価モードにより侵入されるような妄想的なメンタライジングを引き起こし治療に有用ではない側面の方が強いと考えられているからであろうと思います。

●転移の中で作業する
転移のメンタライジングでは,本人が過去の体験によって敏感になる中で選び出した,「治療状況についての見方」を治療者自身と関連づけるという方法を採ります。本人がいつもの鋳型でいつものタイヤキ型に

してしまった治療関係の見方を、治療者本人と照らし合わせる作業をするのです。

　BPDの人は投影同一視を多用していて、いつもの鋳型で作った治療者像が自分の鋳型の形になっていることを認めないでそれが治療者その人だ、「この人も（世界中の他の人間と同じく）私を不正利用するだけだ」と捉え、その捉え方によって自分を固く守っています。ここまでの自主的なメンタライジングを引き出す介入ではなかなか自分の鋳型に気づくことは難しいことが多く、ある程度本人が持つ鋳型と現在の状況をつなぐ作業を直接的に提示せざるを得ない場合もあります。

　その時でも必ず、
・「今」に重点を置くこと
・本人の感じ方を否定せず、「違う角度から見る視点の一つ」という呼び水・ヒントとして提示すること
・「どちらが正解か」という対決構造にならないこと

を大切にしてください。

　自分に対して「この人も（世界の他の人間と同じく）私を不正利用するだけだ」と感じている人に、そうではなくて（多少はそうかもしれないが）それが私自身が持っている鋳型による感じ方なのだ、と実感してもらう作業は1つの問答で劇的に変わるようなものではなく長期間かけてじっくりゆっくり取り組んでいくものなので、短い例でそれをお伝えするのはとても難しいのですが1人の「転移のメンタライジング」の例を挙げたいと思います。

∞アオイさん∞

　アオイさんは子どもの頃からスポーツで好成績を挙げ親を喜ばせてきました。成人後は経済的に苦しい母に仕送りしてきました。うつ病となり失業した後も強迫的に仕送りを続けていました。彼女は「母は永遠に私に援助を求める」「私はその鎖に縛られ続けていくしかない」

と話し続けていましたが，治療の中で徐々に自分が仕送りをやめると兄家族と同居している母に自分の存在意義を承認されなくなる，見捨てられる恐怖を抱いていることが明らかになっていました。

　治療における私との関係の中で彼女は，自由に話して良いはずの面接で話すことを考え前の晩は眠れないほどでした。面接では頻繁に「どうしたらいいんですか」と「指示」を求め，時には「先生はどうしてほしいんですか」と私の「希望」さえ引き出そうとするなど，「親の期待どおりにふるまう娘」の行動を繰り返してきたのでした。しかし彼女が再三「家でどう過ごしたらいいんですか」と質問するため，一度「毎朝起きる時間を決めて何か日課を作ってみては？」と伝えたところ，翌週「ああ言われて鎖でがんじがらめにされた。これ以上縛らないで！」と感情を高ぶらせたことがありました。

　「どうしてほしいんですか（期待を引き出す）」⇔「縛らないで（支配しないで）」の葛藤についてのやり取りを切り抜いてみます。冒頭のカッコ内は「これ以上縛らないで！」のやり取りから経過した期間です。

① 【6か月後】
アオイ「自分で決めないと意味がないと頭では思うけど決めてほしい時もある。ワーッと混乱する。どうしたらいいんですか。薬さえ飲んでりゃそれでいいんですか」
私〈私からの具体的な指針がないと感じている？〉
アオイ「人ごとですよね。理解しようとしてくれてないと思う。兄と変わらない。自分で何とかしろ，と」
私〈しんどくても自分で何とかしろと〉
アオイ「それしか感じませんから」
私〈私が，「こうしろ」と言ってくれたらいいのに，と思うのね〉
アオイ「うん……先生がこうしろというと私は判断が左右されるし，それはいけないんだろうと思う」

第9章 メンタライゼーションに基づく治療(MBT)のすすめかた

ここではアオイさんの治療者体験に光を当て続けていますが，あえて「治療者がこうしろと言う」という未来の状況のメンタライズを促すと彼女は少し考えなおします。「兄と同じで理解しようとしない」という「鋳型」に変化が起きています。

②【12か月後】

アオイ「私があまりに寝過ぎているんで，母が薬を減らしてもらえないのか先生に訊いて来いと言ってるんですけど」

私〈うーん。私が，「じゃぁ減らしましょうか」というとどう感じるだろう？〉

アオイ「うん……じゃぁこのワーッという苦しみはどうすりゃいいんだ，と思うと思う」

私〈うん。私があなたから「どうすればいい」と訊かれた時の，私の気持ち想像してみるとどう？〉

アオイ「うーん，先生も困るだろうとは思う」

私〈うん。うっかり「こうしましょう」と言うと私からあなたへの期待のようになってしまうなぁ，とよく思うよ〉

アオイ「それで言いづらい，ということですかね。私が先生に甘えたい，すがりたいがあるのはさすがに気づく」

特に医師はこのように尋ねられると減薬するか，なぜ減らせないかを説明するかの二者択一で応じなければ，と感じてしまいます。しかしここでは，「私が減薬すると答えたらどう感じるか」と，転移に焦点づけています。そして治療者自身がアオイさんに問いかけられてどう感じたかを一人称で伝えています。そのことにより，「自分で考えさせるようなことはせず，そちらから具体的に指針を与えてほしい」，さらに「ずっと寝ていたいくらい辛いということを承認してほしい」という彼女が持つ「鋳型」である依存的な関係の持ち方に光を当てています。このような作業を続けているので，彼女も「さすがに気づ

く」という形で応じています。

③【20か月後】

アオイ「小さい頃のことを思い出した。友達の家に行った時，お母さんに電話して忘れたお弁当を持って来てもらったら，友達のお母さんに『あんた親をなんだと思ってるの』と怒られた。母にもよく『そんな気ままを言わないで』と言われた」

私〈どうして気ままと言われたことを思い出したんだろう〉

アオイ「今こうしてることが気ままかな，と。適当にして過ごしていることを咎められている気がする」

私〈誰に？〉

アオイ「先生に。家で考えてると，先生ってどんな立場で私の話を聞いてるのかなって。自分が自己中心的だということは自覚してるけど，それを親兄弟じゃない先生に言うのはおかしいのかなって。母は世話好きだったし甘やかされるのが別に普通だったし。でも友達の親に『そんな遅くまで出歩いて大丈夫なの』とか言われると，うちの母は干渉したくないだけだったのかなって」

私〈働くことについて私から何も言われないと，お母さんと同じで受けとめてるんじゃなくて，関心を持ってないだけなんじゃないかという思いが湧くのね〉

アオイ「うん。でも私の我儘気ままを先生にぶつけて受けとめてよ，というのはどうなんかな，と。そう思うと逃げたくなる。でもこのままだと何もしないで破滅していく気がして。かといって，先生の評価にばかり行ってしまってガンバレガンバレになってしまうのは違うし」

私〈自分の中から何かが湧いてくるのを待っている〉

アオイ「そうです。それが苦しくて誰かに責任転嫁したくなってしまう」

「期待され，それに縛られる」という関係の「鋳型」にしがみついて

いた彼女でしたが，自分が母を振り回したエピソードを想起しながら，「私は気ままをぶつけて，治療者を困らせているのではないか」と，治療者と今の状況に関する新しいメンタライジングを語っています。こうして自分の力で状況を見渡してメンタライズしていくことは，とても大きな成長につながります。治療者はその裏の「治療者は黙って辛さを認めてくれているのではなく，単に無関心なだけではないか」という思いについて確認，メンタライジングの交通整理をするにとどめています。

この期間の間にも毎週のようにたくさんの投げかけをして，その他のテーマについても話し合いながらの長い作業です。できるだけ，「その感じ方は違う」と対決構造にならないように丁寧にクエスチョンマークを投げかけていることや，アオイさんの自己理解が徐々に広がり板についてきているのがお分かりいただけるかと思います。鋳型の原型は幼少期にあるので，例にあるように本人から「兄のように」や，母のエピソードを用いて明らかに治療者への思いを伝えることもあります。それまで否定する必要はないと思います。しかしそこで母子関係の探求や，母との関係と治療関係の類似性の探求にそれず，今の治療関係における思いの探求にとどまることが大切です。

● 逆転移をメンタライズする

逆転移感情とは，本人が治療者に対して抱く転移感情の反作用・相互作用として，治療者・支援者から本人に対して湧く感情のことを言います。治療の中で湧く恐怖感や怒り感情，「自分が対応しなければ重大な結果を招くのではないかと思うと，今すぐ対応せずにいられない」という巻き込まれや万能感，散々巻き込まれた末に浮かんでくる「こんな身勝手な人間は見捨てられてきたのも仕方がないことだ」という思いなどさまざまな逆転移が挙げられます。BPDでは投影同一視が常に使われ，

治療者，治療チームにはヨソモノ自己や理想化された養育者像が投げ込まれるので喚起される逆転移感情も非常に強烈で，BPDの治療は逆転移の扱いがカギと言っても良いほどです。MBTにおいては逆転移について次のようにいくつかの基本的な注意が与えられています。

・治療者・支援者自身の緊張・困惑の状態をモニターしておくこと。
・治療的万能感で凝り固まっていないか常に省みること。
・治療者との間で鋳型を繰り返したこと（再演 enactment）に治療者が関与していることを認め，探索すること。
・陰性の逆転移感情は本人か治療者どちらか一方によるものではなく，現在の関係や治療状況によって引き起こされているものと考えること。

MBTとは，当事者本人の「自分では気づいていなかったけど私はこんなことを感じていたのか」「先生はこう思っていると決めつけていたけど，どうもそうじゃないかもしれない」という発見を手助けする治療です。そのような作業を共にするわけですから，治療者・支援者自身も「自分では気づいていなかったけど私はこんなことを感じていたのか」「彼（彼女）はこう思っていると決めつけていたけど，どうもそうじゃないかもしれない」という変化を来たせる可塑性を持っておく必要があります。

例えば本人が「先生は私に対していい加減に治れよと思っているから私はそのプレッシャーで症状が悪化してしまった」と訴えた際に，治療者が「私はそんなこと思っていないのにどうしてそう思うのか，それはあなたが今まで繰り返してきた関係を私に投影しているだけだ」というようなことを伝えたとします。たとえその指摘が正しかったとしてもそれは本人が変わろうという力には変わっていかないように思います。治療者は「もしかしたら本当にいい加減治れよ，という思いを抱いていないだろうか，抱いている可能性もある」というスタンスとともに「私のどのような発言や態度からそのように思ったのだろうか」と尋ねながら

治療者自身に対するメンタライジングを共同で行う柔軟性を持ちながらも，最終的に「どちらが正解か」という結論探しに終始せずに，このような互いの心のメンタライジングのずれが「今・ここで」の治療関係や治療状況によって引き起こされてきた経緯の理解を目指していくことが最も治療的であろうと思います。治療者が自分の歪みをメンタライズするということはとても難しい作業です。例えば治療が壊れてしまうような事態が起こる状況の底流には必ず逆転移の影響が潜んでいると私は考えています。気づかないうちに凝り固まった逆転移が治療を停滞させていないか，治療，本人と治療者の間に何が起きているかを外から見てもらう機会を持つことが重要です。そのような機会の確保については次節（3）で紹介します。

ステップ5　転移のメンタライジング
●転移の中で作業する
- 「過去」に焦点を当てすぎず，「今ここで起こっている関係」に集中する。
- 新たな視点を提示する時は，対決姿勢にならず「違う角度から見る視点の1つ」という呼び水として提示する。
- 変化を急がず，呼び水・クエスチョンマークの投げかけを続ける。

●逆転移をメンタライズする
- BPDの治療では治療者・支援者にさまざまな強い逆転移感情が生じる。
- 治療者・支援者自身が変化を受け入れる姿勢が治療的に働く。
- 気づかないうちに凝り固まった逆転移が治療に影響していないか，治療の場で何が起きているかを外から見てもらう機会を持つことが重要。

9.5　MBTを行う上でのいくつかの補足

（1）緊張が高まったときは浅い介入ステップに戻る

　この章の冒頭でお伝えしたように，5ステップの介入は治療時期を表すものではなく介入の深さを表すものです。メンタライジングを促す介入は，表面的なものから深いものに徐々に進んでいきます。「今，ここで」治療者に対して湧いてきた感情を表出するということはとても恐怖感を伴うことです。身体をソワソワさせ，みるみる表情がこわばりバタリと倒れてしまったり，突然人格が変わってしまうことも時々あります。そういう時は手当てをしたり凶暴な人格の本人と格闘したりせざるを得ません。できればそうならずにメンタライズを維持する（Keep Mentalizing）ことができるよう援助しましょう。ステップ4で紹介したエリさんのように緊張の高まりとともに情動の嵐が起こると，メンタライズ力が落ち，歪んだメンタライジングやフリーズ状態が始まります。そのような場面で深い探索的介入をいきなり行うと，より緊張が増しメンタライズ力が落ちるという悪循環に陥ります。その際にはクールダウンを援助し緊張を和らげつつ，ステップ1などの浅い介入によって安心感を回復する作業を優先します（図9.5）。グラフの右の崖に落ちていくメンタライジングをほんのちょっとずつ左の山に引き戻す作業をするのです。緊張を鎮め（図上で緊張度が右から左に移動），メンタライズ力が回復（図上でパフォーマンスが下から上へ移動）してくればステップバイステップに深い介入に戻っていくという方法を取ります。初めはあまり深い探索が必要なメンタライジングを求めず，「今，どんな気持ちが湧いてるのかな……」や，「今身体の中どんな感じかな」と少し身体感覚に注意を向けるような介入をとおしてメンタライジングを失わないよう援助します。

第9章 メンタライゼーションに基づく治療 (MBT) のすすめかた

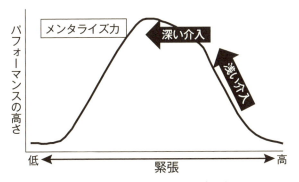

図9.5 緊張が高まっている時は浅い介入から

(2) メンタライジングのほころびをしっかりと分析する

・ごっこモード：表面的な「理解ごっこ」に逃げ込む。「今怒りの感情が湧いているのでは？」など，治療者の「Not Knowing」ではない姿勢がごっこモードを促進してしまう。

・目的論的モード：具体的報酬に頼る（例えば，「大丈夫って言ってください」など）。

メンタライジングのほころびは本人と治療者どちらかの責任で起こるものではありません。治療者自身がどう関係したかをしっかり理解して修正に役立ててください。

(3) 治療を客観視できる機会を持つ

現在の日本にはMBTの専門家はまだ非常に少ないですので，「MBT習得のためにスーパーヴァイザーについて勉強しよう」というのは難しいと思います。しかし「MBTは各自の技法に上乗せするものである」のでそれほど憂慮する必要はありません。それよりも，治療，本人と治療者の間に何が起きているかを「外から見てもらう」機会を持つことが重要です。その機会としてまず挙げられるのはスーパーヴィジョンです。MBTは転移・逆転移を扱う精神分析的精神療法に数えられますの

で，できれば精神分析の視座を持つスーパーヴァイザーに助言をもらえると良いでしょう。その他，チームカンファレンス，事例検討などで他者からその治療を見てもらいコメントしてもらうことが「治療のミラーリング」になります。Bateman 先生の聖アン病院ではチームカンファレンスに出席させていただきました。若手の治療者が行っている個人のMBT 面接を録画したビデオをみんなで見てコメントします。そして，重要な局面について，その場でロールプレイをするのです。その際，治療者は「本人（患者）役」を演じ，同僚が治療者役をするのです。Bateman 先生自身が治療者役をする場面もあったように思いますが，それは決して「MBT とはこうするんだ」ということを教えるために実演しているわけではなく，治療者が，また参加者がその治療で何が起こっているか，いろいろな角度から見るチャンスとして行われているのです。

　これについてその日 Bateman 先生に質問した時の言葉を私が記録したものを紹介します。

☆ Asking Dr. Bateman ☆

Q. どのようにしたら治療チームづくりがうまくいくのでしょうか。

A. 君たちがチームで働くのなら，チームで居続けることが大切だ。今朝見たように，個人セッションのビデオをみんなで見ながら議論する。そして「ロールプレイング・トレーニング」をする。誰にでも患者との間に問題はある。私も患者との間に問題がある。すると私がその患者役をロールプレイする。するとスタッフの彼または彼女には私がどうするべきか見えるし助けてくれる。これはチームがチームでいるためにも大切だ。これは習得の手順としても良いんだよ。5 分，10 分だけやるんだ。私が自分が困ってる患者の役をやる。面接では気づかないけど，患者役をやると患者になりきって質問に答えなきゃいけない。ぜひ君もやっ

てみてくれ。

　私が職場のカンファレンスで実践したことのあるロールプレイの臨床素材をエクササイズとしてご紹介します。チームカンファレンスにおけるロールプレイに一度トライしてみたい方はご活用ください。ロールプレイは「正解」を求めるものではありません。治療者役・患者役・観察者がそれぞれ感じたことを共有し共に考える機会にしてください。以下の role-playing exercise で提示した場面のように，BPD の治療では治療スタッフ自身が「こちらに落ち度がある」と感じ，本人のガイド役として機能し続けることが難しくなる局面がよく起こります。私たちがこのテーマでロールプレイを行った時は，多くの治療者役がそれまで MBT について勉強してきた「Not Knowing」や「マーク付きミラーリング」も忘れて，たくさんの直接的な言葉を重ねて自分が本人の理解者であることを示し償おうとしてしまいました。治療の緊張場面で「治療者自身の混乱／困惑をモニターしておく＝治療者自身がメンタライジングを維持する」ということはやはり実践場面の経験を蓄積していくことが大切です。

★ **Role-playing exercise** ★

　BPD で治療中，1 か月の約束で急性期個室に入院し，明後日が退院予定でしたが，ある日の午後 7 時，別の緊急入院があったため，やむなく謝って総室に移室してもらいました。
- 直後，本人が詰所に来て，「明日退院するから」とだけ言い，部屋に戻り荷物の整理を始めました。
- 何とか診察室まで来てもらい，少し話し合うことになりました。
- それまでの治療はうまくいっており治療関係も強固になりつつあるという設定

本人役：さまざまな混乱した感情とそれに任せた言動・行動
　（例）大丈夫。どうせ明後日退院予定だったし。
　　　　絶対自傷行為はしない。信じてほしい。私任意入院なんでしょ？
　　　　閉鎖処遇なんかにしたら私絶対自傷しますよ。
・治療意欲は持っているので，うまくきっかけがつかめればメンタライジングに戻り，重要な関係について議論し，話を展開させてください。

治療者役：
・逆転移をモニターしながら。治療者自身の申し訳なさに圧倒されて，本人のメンタライジングを妨げない。
・転移のメンタライジング：それまでの治療で共有したと仮定したキーフレーズ（〈身を引きたくなったら振り返り〉など）や，対人関係の鋳型の理解を活かして，困難な状況でも転移感情をメンタライズできるようガイド。
・上記の探索ができるまでが重要。混乱した状態から，転移と治療状況のメンタライジングに入れる状態になるために，ここまでに学んだあらゆるアプローチを使う。
・クールダウンや浅い介入。徐々に緊張が下がっているのに非メンタライジングに留まろうとする場合は，チャレンジ・STOP AND STAND など。メンタライジングが深まる関わりをご自身で工夫してください。

（4）自閉症スペクトラム障害（広汎性発達障害）に MBT は使えるか？

　この問いはどこに行っても必ず訊かれます。そして私はこのように答えています。
　「中核的な自閉症には難しいでしょう。しかし活用の余地はありま

す」

　そもそも「メンタライズ」という用語は，自閉症における重要な心理的問題を表現する際に使われ始めたのだそうです。その当時から多少定義が変わってきているでしょうが，現在も自閉症においては重要ないくつかのメンタライズ機能が「欠損」していると考えられており，その中でも特に「情動的応答性」の欠如がその中心であるとされています。

　自閉傾向のない乳児は生後2か月ごろから，目の前にいる人が泣いていたら同じように悲しい表情をする，「情動伝染」が見られますが，それに表されるように相手が抱いている感情を共有する能力（情動共有），同じような表情になる動き（身体的同調）など投げかけられた情動に応答する力を持っています。自閉症の子どもはこの情動応答能力に困難を抱えているため，メンタライズ力が育たず，成長しても相手が「何をしているか」を識別することはできるものの，健常発達児が識別できる「何を感じているか」を識別することが極端に苦手なままなのです（Hobson, 2005）。図3.1b（p.31）でいえば，養育者からのミラーリングを受け取る・取り込むという部分がうまくいかないと考えることができます。

　そのような理由で，ミラーリングを手段としてメンタライズ力を育てるMBTは純粋な自閉症には効果が期待できません。しかし，今日使用されている「自閉症スペクトラム障害」という名称から分かるように，当事者それぞれの自閉症傾向にはグラデーションがあります。第7章4節（p.102）で紹介した重ね着症候群で「上着」の部分に愛着の問題や境界パーソナリティ傾向などがあればMBTの効果が期待できますし，それによって行動面でのトラブルが大きく軽減されることもあります。今日自閉症スペクトラム障害に対して行うべき支援として挙げられているアプローチの中には，「重ね着」している外傷的育ちの影響の部分を対象にしている支援法が多く含まれていると私は感じていますので，可能性を感じる方にはぜひメンタライズ力の成長を促す関わりを実施して

みてください。

(5) MBTで得られるもの

　MBTを行うことによって徐々に自分の心の中に光を当てる習慣がつき，自分と他者の表象（心のジオラマ）を持つことができるようになるようになります。以前であれば自己破壊的な行為に至ってしまっていた場面で，「すごく腹が立って大きな声は出したけど，内心先生にこの話をしたらこう言われるだろうなと思っていた」「ここから飛び降りたいって衝動に押し寄せられていたけど，この気持ちって見捨てられ不安としか説明しようがないよなぁと思っていた」などの表現で，他者の心や，他者から見た自分をメンタライズする習慣が身についてきたことを伝えてくれます。この習慣により同じ事柄に対する自己と他者の見方にズレがあることが見え始め，ズレを認めていくことが分離，すなわち自他境界の感覚の体得や100％幻想への訣別へと導くのです。

　このズレを認めていくプロセスをもう少し細かく見ていきましょう。
① 「私が感じていることが現実だ」：ズレ認識の欠如，心的等価モード
② 「私は分かっているけど，相手は分かっていないかもしれない」：他罰性，ズレは外にある
③ 「（②と同時に）相手が分かっていることが，私は分かっていない可能性もある」：相対性の獲得
④ 「私の理解と相手の理解のズレがこの結果を生んだのではないか」：ズレを扱える

　ヒデヨリくん（第3章1節）でたとえると，天守閣の小窓に固定されていたヒデヨリくんの視点が自由移動式になり複眼視的になっていく様子がお分かりいただけると思います。②の他罰的態度は外傷的育ちに関係なくとも現代社会に蔓延しているように思います。閉じた世界で自分を変化させることへの恐怖感からメンタライジングを拒み，調整しきれ

ない感情は攻撃として排出してしまう，非メンタライジング姿勢です。勇気を持ってこの②から③・④へ，自らを相対化し複眼視的・可動式の視点を持つことによって初めて複雑な感情を調整する力が成長し，ずっと生きやすくなるのです。「自分の見方が絶対ではないかもしれない」ことを受け入れるこの作業は1人ではなく他者との間で取り組んでいくこと，中でもガイド役とともに転移を含めてメンタライジングの練習を行うことが最良であると私は考えています。アオイさんは治療が進み，治療後期にはずっと固執していた感じ方とは別の見方があることを「さすがに気づく」と表現するようになりました。メンタライズの様式は何歳になっても変わることができます。メンタライズ力の成長とは，子どもやBPDだけの課題ではなく，あらゆる人間にとって普遍的で，これで完成ということのない永続的な営みなのかもしれません。

Key Points

※5つの各ステップのKey Pointsはそれぞれのページを参照

- MBTはBPDを「治す」ための方法論。具体的で現実的な援助であり，かなりの部分の治療情報を治療チームと本人が共有する共同作業である。
- MBTは何かを捨てて習得するものではなく，各専門家が現在自分が持っている技法に加味して活用するもの。
- MBTは，BPDに特徴的な暗黙的implicitで自動的automaticなメンタライジングを，顕在的explicitでコントロールされたcontrolledメンタライジングに変えていく作業。
- 治療準備期：MBTを始めるにあたって，心理診断シートを共同作成，本人の「どうなりたい」という治療動機を，何らかの形で初期

のうちに共有しておく。
・メンタライジングを促す介入は浅いものから深いものへ進む。情動の嵐が起こっている時には浅いメンタライジングに戻る。
・治療者は治療を客観視する機会が不可欠。スーパーヴィジョンのほか，チームカンファレンスや事例検討にロールプレイを導入するなどの工夫も有効。
・MBTは純粋な自閉症には効果が期待できないが，外傷的育ちによる問題を重ね着している自閉症スペクトラム障害には活用が可能。
・MBTによって自己と他者の間のズレを見ることができるようになり，分離や感情調整力の成長が期待できる。

第10章

外傷的育ちを持つ人をチームで治療・支援する7つのコツ

　この章では外傷的育ちを持つ人・BPDを治療・支援するための7つのコツを紹介します。前章で紹介したMBTの内容がお弁当に盛り付ける「料理」とすれば，これから紹介するコツは「弁当箱」です。弁当箱がなければMBTは成り立ちませんが，弁当箱さえあれば中身はどうであれ治療や，治療目的ではない支援はある程度うまくいきます。最近医療現場よりも[注7]，保健・福祉の現場から，「パーソナリティ障害を持つ人の支援の方法を教えてほしい」という声をよく聞くようになりました。母子保健領域で境界性パーソナリティ傾向を持つお母さんをどう援助すれば良いかや，精神障がい領域の在宅支援で利用者または利用者の家族が有するパーソナリティ障害の問題で支援者が疲弊するがどうすれば良いか，などの相談を受けます。保健・福祉現場では「弁当箱」がより重要になります。パーソナリティ障害の心の構造を理解して支援の弁当箱を作る，という準備がないままに支援者が目の前の当事者を救済し

注7）医療現場で対応に困るようなBPDと出会うことが減ったことは多くの精神科医が指摘しています。これにはいろいろな見方がありますが，医療者のBPDへの理解が深まったためとは言い難い状況です。紋切り型の対応でBPDを診療から締め出す技術だけを習得している精神科医が多く見られるようになったことも無関係ではないように感じています。

たいという熱意だけで支援に当たると，その熱意と当事者本人が持つ「幻想と弱点」が化学反応を起こし，支援環境が破壊されるほど行動化がエスカレートしてしまう結果となるのです。

ここで言う弁当箱は心理学用語では「コンテイナーcontainer」と言い，弁当箱を作っていくことを「コンテイニングcontaining」と言います。治療も支援もコンテイニングがないとうまくいきません。前章では「治療者」という言葉を使っていましたが，この章の内容は両者にとって大切であるという意味で「治療者・支援者」という言葉を使います。どちらかの言葉を使っている場合でもどちらにも当てはまると考えていただいて結構です。また，コンテイニングは個人ではなくチームで行う方が効果的で，コンテイナーとしてのチーム作りも重要になってきます。

10.1 「境界の感覚をつかみやすいようにする」ためのコツ

ここまで読んでいただいたとおり，本人たちは「限界まで私を大切に愛してくれている人でさえ別の人間だ」という真実を受け入れる，分離の作業が凍結したままになっています。うすうすその真実に気づいていますが，「限界まで愛してもらった経験がないのになぜその真実を受け入れなければいけないのか」という思いから受け入れを恐怖し，この世のどこかにあるかもしれない「100％信頼できる人との融合関係」を探す当てのない旅を続けているのです。

支援者との関わりは，本人からの「私はどれだけ人に裏切られてきたか。あなたは信頼できるのか」という「試し行動 testing」から始まります。親や家族から受けてきた仕打ち，異性から受けてきた搾取，不正利用と今の孤独や疎外感，苦しみに満ちた生活の話を聴くと，支援者は「助けたい」「まずは安心できる場所を確保します」と応えずにいられない気持ちになります。支援者自身が抱えている心の葛藤などから当事者の境遇に強く共鳴すると，助けたいという思いはより強まり，「信頼

というものの存在を本人に分かってもらいたい」という熱い思いとともに熱心な支援を始めます。すると急速に「信頼させたい支援者」と「それでも信頼できない本人」という膠着した関係ができあがっていきます。支援者は「死にたくなった時はいくらでも話を聴きます」と，SOS1つで駆けつけるスーパーマンになることで「信頼できる安心感」を提供しようとしますが，本人は満足しないどころかより不安になります。第7章5節で書いたように，「100%幻想」は，それが100に近づけば近づくほどそれが100でないことに不安を覚えるからです。「結局は信頼できない」という証拠を得たいかのように破壊的な試し行動がエスカレートしてしまうのです。これに対しては，まず初期のうちにできるだけわかりやすく境界 boundary を示すようにします。図10.1のように，自他境界の傍らに立って本人と共にあり，そこから遠ざかりも近づき（侵入）もしないスタンスが本人の自他境界の感覚の体得を助けます。複数の支援者がチームで足並みを揃えてその場所に立っていてくれると（チーム・コンテイニング），その体得はより容易になるのです。

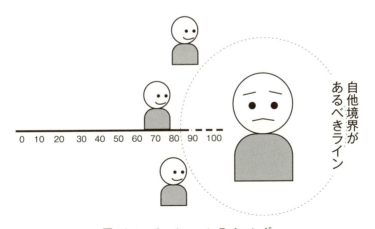

図10.1　チーム・コンテイニング
本人の自他境界の傍らに立って，そこから遠ざかりも近づき（侵入）もしないスタンスをチームで足並み揃える。

第1のコツ：診察・相談の時刻・時間・場所をガッチリと一定させる

　これが何よりも大切です。そのためにはその設定が必要十分であることが大切です。初めにその人の症状や傾向をよく評価して，そのような設定を決めます。このようにすることの意義は，①試し行動をエスカレートさせればより手厚いケアが受けられるということにしないという点，②試し行動をしてもしなくてもこのケアは受けられると保証するという点の2点です。両方とも本人に安心感を与えます。ホームヘルパーや保健師など在宅での支援を行う職種の場合はこの「構造づくり」は難しいものだと思いますが，やはり時刻・時間・場所を一定させ，少なくとも「試し行動した方が手厚くケアしてもらえる」ということにならないようにすることが大切です。病院でも「決まった時間以外は診察しません，話も聞きません」とは言いません。これまでなら人知れず致死的な破壊行動に至っていた本人が病院に電話をしてくれるようになれば，「本当によく電話してくれたね」と伝えます。しかしそのような中でもしっかりと治療の柱は何か，目的が何かを共有しておかないと，いつの間にか本当の苦しみよりも支援者が見捨てないかという不安の方が本人の中で大きくなり，その不安を除去してもらいたいという衝動が本人と支援者を苦しめることになっていくのです。

第2のコツ：『苦痛除去の肩代わりよりも不安を抱える力を育てることの方が大切』という理解を初期のうちに共有

　本人にとって治療・支援とは「すぐに・具体的に」助けてくれることであって，すぐに・具体的に助けてくれない支援者に対しては「役に立たない」とこき下ろします（目的論的モード，第3章2節）。しかし治療の目的としては「その場の苦しみを今すぐに取り除いてもらえる」ことよりも，「次の相談時まで不安を抱えていられる力を育てる」ことの方が大切ですし，治療目的ではない支援であってもその認識で支援した方がうまくいきます。このコツの大切な点は，これを初めから伝えて共

有することです。

　治療が進むと100％幻想を手放す分離が見えてきますが，本人にとってそれは見捨てられる体験に他なりません。その痛みに耐えられず，自己破壊的な行動化で防衛してしまいます。先述の「信頼させたい治療者⇔できない本人」の関係はエスカレートし，「自殺しない約束を取り付けようとする治療者」と，「なぜ自殺すれば良いかを述べるだけの本人」という関係に陥ってしまい，治療は膠着します。同じく治療が膠着するのが，本人から治療者への「恋愛転移」です。そこでは本人にとって重要なのが「治療者個人」になってしまい，自分の治療は重要ではなくなります。どちらの場合も「自分の成長」という重要でありながら苦しい作業から目をそむける隠れ蓑に入り込んでしまった状態と言えます。

　多かれ少なかれそのような事態は訪れますが，その段階になってから「苦痛除去の肩代わりより自分の成長が大事」と伝えても，本人にとっては対応しない言い訳にしか聞こえない関係に陥ってしまっています。この危機を乗り越えやすくするためには，やはり初期のうちにこの点を共有しておくことが大切です。このためには本人が「こうなりたい」と思う希望を共有し，「こうしてほしい」ではなく，本人の成長につながるキーフレーズを作り共有することが有効です（第9章3節）。上に挙げたような事態になった時に，「あなたが治療をとおしてこうなりたいと望んでいることをもう一度確認しましょう」という合言葉で，初心に立ち戻れるようにしましょう。

第3のコツ：支援者は簡単に安心しない

　少し行動化がない時期が続いたからといって簡単に支援を減らしたりしてはいけません。本人たちにとって『心配ない』と見なされることは，無視・無関心を意味します。養育者との辛い離別を経験している人は特に強く反応します。行動化がない時こそ「その時・そこで」のメン

タライジングで自らを省み、これからに向けて共有した目標のためのメンタライジングの練習に協力して取り組むことに力を入れ、一定した支援環境を提供することが大切です。

10.2 トラウマを再生産しないためのコツ

第4のコツ：愛のある限界設定～できることは必ずやる・できないことはできない～

境界 boundary は本人にとっての自己と他者、「誰かに任せられる領域」と「自分以外誰にも肩代わりしてもらえない領域」の境界ですが、限界 limit は治療者・支援者にとって支援・提供できる範囲のことを指します。そこで現在の支援態勢・治療構造を提供できるのはこの範囲ですよ、その枠内での治療はしっかりと保証しますが、その限界を超えた部分での支援は提供できませんよ、という「限界設定 limit setting」が大切になってきます。BPD の支援で限界を超えようとする行為というと、治療者・支援者の私的領域への侵入があります。ほどよい信頼という感覚を持てない彼らは、早くから支援者の全てを知ろうとし、どれだけどんな時でも自分を助けてくれるかということを確認しようと私的領域に侵入する行為に走ってしまいたくなるのです。私も駆け出しの医師だった頃、BPD の患者さんに自宅をつきとめられ、団地の4階にある自宅の前で待ち伏せされていたことがありました。治療者も支援者も私的な領域をしっかり守らないと、プロとしてより良い働きができませんし、このような行為は止めてもらわないと治療関係は壊れてしまいます。しかし、限界のラインをしっかりと示し、「ダメだ」とハッキリ伝えることの意義は、本人の安心感の獲得にあるのです。「100% 信頼幻想」を持ち続けている人は、「試し行動」がエスカレートしてしまうことに不合理感を感じ、それを止められない自分に苦痛を感じていることが多々あります。癖のように「思わずやってしまうこと」をパチッと止

めてもらえるということは本人の安心感につながり，行動学習の面からもとても大切です。

　日本人は「ダメです」とハッキリ伝えることが苦手です。要望に応えないことが悪いこと，熱意ややる気が足りないことだと感じてしまうまじめな方ほど苦手意識を強く持っています。ルールを超えた「特例的な扱い」を供与することを愛情や誠意の表現と見なしてしまう文化も関係しているかもしれません。しかしBPDの支援においては，対応できないことや，限界を超えていることはハッキリと，できるだけ迷いなく「それはダメです」と伝える「技術」を習得する必要があります。地域では熱心に支援に従事している保健師さんやホームヘルパーさんが，そのような「限界」を当事者との間で保持することができずに疲弊している例を数多く見聞きします。熱心な方がそのような中で燃え尽きてしまうのは多くの当事者にとって大きな損失です。私はその方たちに「ダメなものはダメと伝える技術」の習得を勧めています。それは，本人たちを失望させることでもなく，スタッフの努力が足りないことでもなく，本人たちが治療・支援関係に安心感を持てるために必要不可欠なメッセージなのです。見捨てないための限界設定，すなわち「愛のある限界設定」を提示できる技術を身につけましょう。「できないことをできないと伝える」ためには，「できることを必ずやる・やると約束したことを必ずやる」ことが必要です。この2つがセットで初めて治療的意義を持ちます。

　ちなみに私が団地で待ち伏せされた際は，「少しで良いから話を聞いて」と求める本人に，「ここに来るのはダメだ。ここでは相談に乗れないので，病院に行って救急受診受付をしてください，私が対応します」と伝えて，その後同じ行為はありませんでした。しかし別の領界侵犯行為はまだまだ起こりました。その都度「ダメだ」と伝える時期がしばらくは続きました。時間はかかりましたが，1つ1つ覚えていく中で，「治療者の心をメンタライズする」という彼女がそれまで行ったことのない

心の作業に自然に向かっていったように思います。

第5のコツ：ピンチの時は行動を変えない

　限界設定 limit setting という言葉はかなり誤解されているようです。「いつでもいくらでも」と境界と限界を無視した支援者によって，試し行動がエスカレートし，保証を際限なく求める状態に陥ってしまった時に，支援者は巻き込まれる恐怖・分からない恐怖から「治療提供を縮小する」，極端な場合「関係を断ち切る」という方法を選んでしまいますが，それを「限界設定」と思い違いをしている方が多いようです。これは単なる「ギブアップ」であり，支援者の行動化ということもできます。個人や組織の力量もあるでしょうから，ギブアップするなとは言えませんが，そのような結末は本人にとって「ゼロに戻る」よりももっと悪い，「見捨てられ恐怖症を強化された」結末となってしまいます。境界 boundary を示されない支援関係の中で，本人の100％への期待は膨らみ，それに伴い見捨てられ不安も高まっているのです。そのような状況で手のひらを返したように支援者が遠ざかれば，それを見捨てられと体験した本人の中で「ヨソモノ自己」が大きくなり，決定的な自己破壊行為に至る可能性は高まるでしょう。そのようなピンチの時に治療・支援関係を断ち切るようなことはせず，むしろよりしっかりと「ピンチを脱する援助をする」という姿勢を示すことが大切です。

　ピンチ・危機状態は，図4.2 グラフ（p.48）のように過緊張＝低メンタライジング状態です。そのような時には本人の方もえてして不安に任せて今までの行動を即座に変えようとしがちです（今すぐ退院する，別の病院に変わる，離婚する，引越しするなど）が，できるだけ急に変化せずにいつも通り行動するように勧めます。治療場面でのピンチは第9章5節（1）にあるとおり，本人がまず過緊張をクールダウンできるよう援助し，易しいメンタライジングから徐々に取り戻すようにします。治療では，大きな逸脱行為・自傷行為を，クールダウンとメンタライジ

ング回復によって乗り越えた経験が本人の大きな成長や，治療者との信頼関係構築につながることがよくあります。ピンチは治療の宝物にできるチャンスと捉えましょう。

　治療・支援関係も人同士ですから，どうしても合わない場合もあり，本人が本気で関係終了を希望する場合もあります。その時もできるだけ，大事な変更は「嵐が去ってから」行うよう伝えましょう。

10.3　チームで支援するためのコツ

　BPDの治療・支援は1人で行わず，チームで行う方が良いと私は考えています。1人でみなければならない場合でもスーパーヴァイザーに相談する，それが無理でも相談できる職場の同僚が存在する方が，治療・支援関係でどんな力動が動いているかに気づくことができます。第6章1節で分裂対象関係の話をしました。「理想的な保護者」⇔「虐待者」という2つの対象イメージは，治療者が1人であれば治療者1人に両方投げ込まれますが，チームで支援している場合は複数のスタッフに分裂して対象イメージを投げ込みます。病棟では主治医を理想化して看護師を敵視する，年長の医師を理想化して若い医師を攻撃する，などです。支援の場では「分かってくれる」スタッフAを理想化し，「無理解な」スタッフBを攻撃する，ということは必ず起こると言っても良いでしょう。

　投げ込まれたスタッフにもさまざまな感情が湧きます。「理想的な保護者」を投げ込まれたスタッフと「虐待者」を投げ込まれたスタッフには全く違う「本人に対する対象イメージ」が湧くため，いつもはチームワークが良く共感を持って共に働いているチームが，真っ二つに割れてしまうこともあります。八木・鈴木（2014）は精神科病棟での看護経験を次のように述べています。「ボーダーの認識がほとんどなかった頃，医療職員間に謎の対立が生じ，その背後にボーダーの分裂機制が多くの

ナースを傷つけ，引き裂いていたことが分かってきた。ボーダーに引き込まれた擁護派ナースと，投影同一化で悪者扱いされたナースとの悲しい対立。無念の涙を流し退職に追い込まれた精神科ナースは多数存在する」。チームは日頃から，単に仲良く平和に仕事をするだけでなく，このようなチームスタッフ同士に湧き起こる感情的なズレや衝突を，共有のテーブルに乗せて問題解決に向かって話し合える，「チーム・メンタライズ力」を持つ必要があります。

第6のコツ：支援者のネガティブな感情こそ，チームで共有すべき大切な情報

　若いスタッフの方が攻撃対象になりやすく，対象となったスタッフは当事者本人にいら立ちや申し訳なさなどいろいろな感情を抱きます。しかしこれはそのスタッフの経験が浅いから，または未熟だからではないのです。これまで見てきたようにこのスタッフが投げ込まれているのは本人のヨソモノ自己そのもの。自信がなく，みんなに責められて当然の人間だという気持ちです。ですからそのスタッフに湧き起こる感情は極めて大切な本人理解のための治療情報なのです。若いスタッフが当事者に対して湧くネガティブな感情を自らチームの中で言葉にするということは難しいかもしれません。チームのリーダーが，またチーム全体がそのスタッフが抱えている感情を大切な情報を考え，チームの公式の話し合いの場で俎上に上げて言葉にしてもらいましょう。また別のスタッフの見方もその場で共有し，スタッフ間の感情や認識のズレをメンタライズしていきます。この作業はチームを守るというだけでなく，本人のメンタライジングを後押しする上でもとても有用であり，2つの意味でとても重要な作業と言えます。

　Bateman先生がチームリーダーを務めるHalliwick Unitでは，チーム作りやチームワーク維持の意味も兼ねて先に紹介したチームカンファレンス内のロールプレイ〔第9章5節（3）参照〕を行っています。ス

タッフ同士のメンタライジング，当事者本人のメンタライジングをチームで行うことでたくさんの気づきが得られると思います。

第7のコツ：チームの中で秘密は絶対作らない

　アンビヴァレンスを投げ込まれ，分裂してしまいつつあるチームで絶対してはいけないことは，チーム内で秘密を持つことです。「これは記録には書けないけど，スタッフBは○○な人（例えば「要らぬ一言が本人の怒りを刺激してしまう人」など）だからあれだけトラブルになると思う」などと，Bさんがいないところで話し合ったりするとチームの亀裂は決定的なものになります。その会話自体も当事者本人から投げ込まれた感情に呼応した感情から生まれたものです。他のスタッフの関わりに関する話は必ずチームで「公の場で」行いましょう。BPDの治療や支援は，スタッフに日頃湧かないような感情が湧く仕事だということを皆で共有しておけば，批判や違和感も少しはスムーズに伝え合うことができます。

Key Points

外傷的育ちを持つ人をチームで支援する7つのコツ
自他境界の感覚が乏しい外傷的育ちを持つ人の支援では，境界の感覚を体得できる，外傷を再生産しない，分裂しないチーム作りなどの面からコツが存在する。これは支援の弁当箱づくり＝コンテイニングの作業であり，これだけでも本人はある程度安定・安心を得ることができる。
・第1のコツ：診察・相談の時刻・時間・場所をガッチリと一定させる
・第2のコツ：『苦痛除去の肩代わりよりも不安を抱える力を育てるこ

との方が大切』という理解を初期のうちに共有
・第3のコツ：支援者は簡単に安心しない
・第4のコツ：愛のある限界設定〜できることは必ずやる・できないことはできない〜
・第5のコツ：ピンチの時は行動を変えない
・第6のコツ：支援者のネガティブな感情こそ，チームで共有すべき大切な情報
・第7のコツ：チームの中で秘密は絶対作らない

第Ⅲ部

さまざまな現場で外傷的育ちを生きる人を支援する

第 11 章

外傷的育ちを持つ
お母さんを支援する

11.1 赤ちゃん部屋のおばけ現象

　日本の支援職の中で一番たくさんの外傷的育ちを持つ人の相談に乗っているのは，女性の出産前後を援助する助産師さんや保健師さんかもしれません。外傷的育ちを持つ女性にとって出産と育児は大きな試練です。元来出産と育児は社会から隔絶され孤立しやすい状況での24時間休みのない重労働ですが，彼女らにとってはさらに，自らの養育体験を想起する辛さ，自分が受けたような養育を決してわが子に対してはするまいと自らを強く戒めながら育児する苦しみなど，自らの養育体験に向き合わずにいられない時期なのです。自身に両親から養育された体験が全くないある女性は，その心の影響を自覚することなく成長し，成人後に妊娠し，出産した赤ん坊を目の前にした途端，突如として「大変なことをしてしまった」という感情が湧き起こり，その結果不幸にも養育放棄をしてしまったといいます。そのように本人自身が出産を機に外傷的育ちを自覚することもあります。放棄された彼女の子どもの将来への想像が示すとおり，周産期の母親の支援は，母親1人の支援に留まらず，次の世代に外傷的育ちに苦しむ人間を1人減らすという意味で極めて重要であると私はかねてから考えてきました。この章では外傷的育ちを持

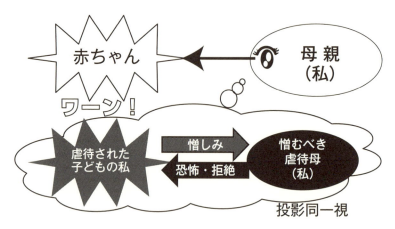

図 11.1　赤ちゃん部屋のおばけ現象

つ周産期の母親の心理についての私たちが行った調査研究を中心に，彼女らの支援についてご紹介したいと思います。

　Freiberg (1983) は，一部の母親が育児場面，特に乳児と2人きりの場面において，赤ちゃんに対して思いもよらない恐怖反応を示し，育児を放棄したり感情を高ぶらせたりすることがあり，それらの母親のほとんどが自らの幼少時に外傷的養育体験を経ていることを発見し，「赤ちゃん部屋のおばけ現象 Ghosts in the Nursery」と名付けました。これは，幼少時の自らの母親に対して陰性感情を抱く自己が子どもに投影され，その感情が自分自身に向けられていると感じ，お母さんが子どもに対し恐怖や拒絶感情で反応してしまうものと考えられています。

　これを図にしてみました（図11.1）。お母さんは泣いている赤ちゃんと向き合う時，そこにちゃんと養育されなかった子どもの自分を投影します。ここまで読んでいただいた方は，この時投影されたものが第5章1節，ヨソモノ自己そのものであり，この現象が投影同一視であることにすでにお気づきであると思います。赤ちゃんはヨソモノ自己そのものと認識され，泣きながらお母さんに苦痛を訴えている赤ちゃんは，自分が抱いている自分自身の母親への憎しみを自分に向けていると認識され

るのです。この図は図5.1（p.56）と裏返して重ね合わせることができます。乳児はこの時,「実情に随伴した・マーク付きの・消化された情動のミラーリング」を必要としていますが，この図でお母さんが子どもに映し返しているものはそのどれにも当てはまらないものであり，赤ちゃんの心にヨソモノ自己を再生産する恐れがあるのです。この現象は孤立しやすい・重労働の育児環境が重なり，過重ストレス状況でお母さんのメンタライズ力が後退した状態で，外傷記憶が賦活され起こるものです。このような事態が悪化しないようにするためには，伴侶の育児参加をはじめ周囲の援助，自らの養育記憶に直面する苦悩を理解され受け入れられる環境を作ることで過重ストレス状況を軽減することが必要です。

　子どもに対する投影同一視は大なり小なりほとんどの親が経験しているでしょう。十分に愛情を持っていても，投影されるものに何かの要素が加わると行き過ぎたしつけ，虐待的な養育になることもあります。

∞ある父親∞

　ある30代の男性は周囲から実子（男児，8歳）への身体的虐待を指摘されましたが「これは教育だ」と否定していました。しかし精神科医による心理相談を受ける機会があり，その際数年前に男性の弟が自死しており，「自分が弟を追い込んだ」という罪責感を強く抱いていたことが語られました。息子が自分より弱い存在をいじめたり，ウソをついたりすると感情が抑えられなくなり，暴力がエスカレートするのでした。そのように弟の死に対する強迫的な自罰思考が息子に投影され虐待的なしつけにつながっていたことが明らかになりました。このことが内省されたことにより，その後相談は不定期で継続しなかったものの，徐々に虐待の頻度は減少していきました。

11.2 育児期女性のうつの増悪・改善に関係する因子に関する調査研究

 一方で,外傷的育ちの影響を有するうつ病やBPDの女性の診療・臨床場面においては,出産した後しばらく病状が安定したり,子どもが離乳する頃に「もう私は必要な存在ではない」と自己効力感が低下し,うつ気味になったりということが少なからずあります。第7章5節でも紹介したMasterson(1976)は,BPDの心性が生まれる時期として乳幼児期の中の分離個体化期(Mahlerによると生後5～36か月,特に再接近期15～24か月)を重視し,この時期の母親,特に境界性パーソナリティ傾向を持つ母親が「個体化を試みる子に対し見捨てられ抑うつを感じ,愛情を撤去し個体化を妨げる」と述べています。
 日本では乳児検診は0歳の間だけです。ようやく近年になって母親の産後うつ病へのケアも重要と認識されるようになっており,これも産後1年以内の場合が多いのですが,もしかすると1歳以降にももう1つの母子の危機があり,それに対応する社会のケアが必要ではないかと考え,私たち(京都府立医科大学の研究チーム)は産後から分離個体化期の母親の精神状態の推移を調査する研究を行いました。それまで産後1年以降まで母親の精神症状を追跡した調査は世界的に見てもほとんどなく,私たちの調査報告は,2013年にJournal of Affective Disordersという国際学術雑誌に掲載されています。ここにそのまま掲載することはできませんが,外傷的育ちを持つ母親の理解と支援に役立つ部分を紹介したいと思います。

●調査の方法[注8)]
 2007年に日本の4都市で行われた乳児検診に訪れた産後1年未満の女性1200名に,アンケート調査用紙を手渡し,回答いただいた413名

に対し子が 18 か月になる月に合わせて追跡調査を行い，回答いただいた 262 名を解析の対象としました。初回アンケートは，
 1) オリジナル質問紙：お母さんや子どもの属性など。
 2) Zung 抑うつ自己評価票（ZSDS）：抑うつの度合いを評価する。20 問。
 3) 新版状態−特性不安検査（STAI）：不安の高さを状態不安（今の不安レベル），特性不安（元来の不安になりやすさ）それぞれに分けて評価する。40 問。
 4) Parental Bonding Instrument（PBI）：幼少時父・母それぞれからの養育（ケア・過保護）をどう体験したかを評価する。「私の抱えている問題や悩みに理解を示してくれた」「精神的に不安定な時はなだめてくれた」などのケア項目と，「私を（父・母）に頼らせようとした」「自分で意思決定するのを好ましく思ってくれた」（反転項目）などの過保護項目の，計 25 問× 2（父・母）から構成。
 5) ボーダーライン・スケール（BSI）：境界性パーソナリティ傾向を評価する。例えば「私は自分の人生を生きることができないと思っている」「何か変な考えが頭に浮かぶと私はそれを取り除くことができない」「私は周囲の人や物事からいつも見放されている気がする」など 50 問。

などの評価尺度で構成し，追跡調査は 1) と 2) で構成しています。
　次の 3 つの統計的検定を実施しました。
 1) まず 262 名全員の 2 回の ZSDS 抑うつ得点（以下抑うつ得点）について対応のあるサンプルの t 検定（以下 t 検定）[注9]。
 2) 262 名を各尺度の下位尺度（STAI の特性不安・状態不安，PBI 父

注 8) この研究は京都府立医科大学医学倫理審査委員会承認（申請番号 C-183 号）のもとに実施しています。またこの調査研究は文部科学省科学研究費（2006-2008 年度第 18790846 号，2009-2011 年度，第 21791144 号）の補助のもと行われたものです。

親ケア・父親過保護・母親ケア・母親過保護，BSI）得点がそれぞれ「高い人」と「低い人」の2群に分類し，各群の2回の抑うつ得点についてt検定。
3）さらに262名を次の属性でも分類し，各群について同様にt検定。
　哺育方法：母乳哺育群／ミルク・混合哺育群
　年齢：17〜25歳群／26〜35歳群／36〜42歳群
　出産歴：初産群／経産群
　子の性別：男児群／女児群（男女の双生児を持つ3名は除外）

●結果

　初回調査時はおよそ産後4〜10か月（7.01±3.2か月），追跡調査はおよそ19〜24か月（21.8±2.4か月）でした[注10]。初回調査時期を「産後期」，2回目調査時期は先述のように子の分離個体化期（Mahler）の中でも再接近期・個体化安定期に当たる時期に行っており，この時期は育児期女性にとっても子どもとの共生を終え分離する時期であることから，「分離期」と呼んでいきます。

　全女性のZSDS抑うつ得点の平均（±標準偏差）は1回目 40.6（±7.9），2回目 40.1（±8.7）で，t検定において2回の抑うつ得点に統計的有意差はなく，産後期→分離期で抑うつが改善／悪化したとは言えませんでした。ZSDSで中等度〜高度の抑うつと判定（60点以上）されたのは産後期34人（13.0％），分離期32人（12.2％）でした。

　その後の結果はグラフをご覧いただきながら産後期→分離期の抑うつ

注9）対応のあるサンプルのt検定：ここでは同じ集団の2回の尺度の得点の平均が，統計的に「等しい」か「差がある」かを調べる代表的な統計手法。「等しくない」場合は「有意な差がある」と表現する。

注10）女性の年齢は初回時平均31.1±4.2歳（17〜41），子の性別は男児が136人，女児123人など（男女双生児3人），第1子が133人，第2子以降が129人，母乳哺育173人，ミルクまたは混合栄養が89人であった。

第 11 章　外傷的育ちを持つお母さんを支援する　　213

の統計的に有意な改善／悪化を挙げてみます[注11]。

- 母乳哺育群は抑うつが改善した。ミルク・混合哺育群は有意な変化なし（図 11.2a）。
- 高特性不安（元来不安を持ちやすい気質）群は抑うつが改善した。特性不安が高くない群は変化なし（図 11.2b）。状態不安（その時の不安の高さ）の点数で分けても，特性不安に類似した結果だった。
- 低母親ケア（幼少時に自分の母親から十分なケアを受けられなかったと認識している）群は産後期に高い抑うつが分離期にさらに有意に悪化した（図 11.2c）。
- 高母親ケア（幼少時に自分の母親から高いケアを受けたと認識している）群は産後期に低い抑うつが分離期にさらに有意に改善した（図 11.2c）。
- BP 傾向群は産後期に抑うつが高く，分離期にも高いままで有意な差はなかった（図 11.2d）。
- BP 傾向のない群は元来低い抑うつがさらに有意に改善した（図 11.2d）。
- そのほか母年齢 17 〜 25 歳群／ 26 〜 35 歳群／ 36 〜 42 歳群，男児群／女児群，第 1 子群／第 2 子以降群，PBI 父親ケア・過保護，母親過保護得点高／低群では有意な改善／増悪は見られなかった。

注 11）各尺度得点により分類した各群の初回／ 2 回目の ZSDS 抑うつ得点は，STAI 高特性不安群（n=47, 1 回目→ 2 回目の平均値：50.7 → 47.6, p=0.009**，以下同順で記載），高状態不安群（n=46, 50.2 → 48.0, p=0.044*），PBI 母親ケア高得点群（n=214 39.7 → 38.6, p=0.013*），非 BP 傾向群（n=191, 38.1 → 36.9, p=0.015*）で有意に抑うつが改善し，PBI 母親ケア低得点群（n=48, 44.9 → 46.9, p=0.032*）では有意に悪化した。BP 傾向群（n=71, 47.6 → 48.9, p=0.085ns）は高い抑うつを示したが，抑うつの推移に有意差は見られなかった。女性の属性によって分類した各グループでは，母乳哺育群において有意に抑うつが改善した（n=173, 40.9 → 39.5, p=0.007**）。その他のグループ（母年齢 17 〜 25 歳群，26 〜 35 歳群，36 〜 42 歳群，男児群，女児群，第 1 子群，第 2 子以降群，ミルクまたは混合群など）では有意な改善 / 増悪は見られなかった。

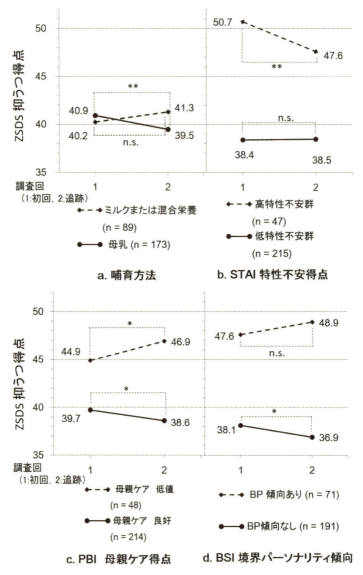

図11.2 初回（産後期）→追跡（分離期） 各群の抑うつの推移
**：p<0.01, *：p<0.05：統計的有意差（それぞれ1%水準・5%水準）あり

11.3 調査結果からわかることと，支援の方向性

（1）多くの産後うつは自然に改善する

産後うつの解説はこの稿のテーマではありませんが，産後うつの頻度 13.0% はこれまでの数々の先行調査に概ね一致しています。産後期→分離期で全体のうつは改善していませんでしたが，「高母親ケア群」「境界性パーソナリティ傾向のない群」では有意に改善していることから（図 11.2c, d），外傷的育ちではない女性に限れば産後うつは分離期にかけて改善すると言えます。

また，不安を抱きやすい母親の産後うつ傾向も分離期にはすみやかに改善しています。イギリスの精神分析家 Winnicott D.（1965）は母子の研究を行い，子を健康な分離に導く「ほどよい母親 good enough mother」というものを定義し，その特徴を「産後は育児行動に没頭し心理的過敏性が見られるが（原初的没頭），子どもの発達とともに密着した保護を徐々に手放していくごく普通の母親」と描写しています。産後の母親は育児を大切にするあまり過剰な心配や育児ストレスからうつ気味にさえなるが，分離の時期には子どもの成長から，負担の軽減を感じ，うつ傾向が改善するというのが外傷的育ちを持たない多くの母親なのかもしれません。

（2）外傷的育ちを持つ母親の分離うつ

幼少時母親からのケアが乏しかった群の抑うつが悪化し，ケアが良好だった群の抑うつが改善するという明確な対比を示しました（図 11.2c）。BP 傾向群の抑うつは高止まり，非 BP 傾向群の抑うつが改善していることから BP 傾向／非 BP 傾向群の動きは母親ケア低／高群の動きに似ています（図 11.2d）。この 2 因子は従来から関連すると報告されています（Russ et. al., 2003）ので，「外傷的育ちを持つ母親」が

分離期に高いうつを示すと言えそうです。この要因として考えうる共通の背景を挙げてみます。第1に，先述のMastersonの記述のとおり，外傷的育ちを持つ境界性パーソナリティ傾向の母親が分離個体化を試みる子に対し「母親に陰性感情を抱く自分自身」または，「自分を見捨てた自身の母親像」などを投影し，子どもの分離を「見捨てられ」と捉え子どもに対する分離のうつ（分離うつ）を抱くという要因，第2に，適切に養育された体験が乏しいため子の分離行動に際し適切な養育方法が分からず，困惑や自信喪失感を強めるという行動学習の要因，第3に，母親のBP傾向が子の情動制御能力に影響を与えるという報告（Stepp et. al., 2011）がありますが，それらの影響が徐々に表れ母親の感情に負のフィードバックを与え始めるという相互作用の要因などです。

(3) 母親の分離うつに対する支援

　分離期にうつ的になる母親の存在は，現場の支援職の皆さんには実感している人が多くいますが，一般には十分に周知されていません。母子保健・医療従事者の間で母親の分離うつに関する情報を共有し，母親の孤立を防ぐ訪問期間の延長などが望ましいでしょう。欧米では，BPDの母親向けに，子どもに対する接し方などを学び練習する，「ペアレント・トレーニング」を行う施設があります。日本でも自閉症スペクトラム障害を持つお母さんのペアレント・トレーニングは徐々に一般的になってきており，外傷的育ちを持つお母さんに対してもそのような取り組みが望まれます。章の冒頭に書いたように，人知れず外傷的育ちの苦しみを抱えて生きてきた人が，それに関するSOSを初めて発する機会が周産期であるということが多々あります。もしその苦しみが引き起こす症状が重篤である場合は，早めに精神科・心療内科の受診を勧める方が良いでしょう。

　最後にあるお母さんの言葉を紹介します。
　「虐待のニュースを目にする度につらく苦しくなり，考えたくないの

でチャンネルを変えます。父から母への暴力を見て育ちました。母はいつもヒステリックで、『お前がいるせいで離婚できない』と言われ続けてきました。いまだにその記憶から解放されず苦しむ時があります。虐待を受けた児童が大人になって虐待を繰り返しやすいという報道を見た友達から『気をつけて』と言われて深く傷ついたことがあります。でも今、私は子育てがとても楽しいです。子どもが1人だとその子1人でこの血を背負ってしまいそうで、今4人の子育てをしています。4人目を産んでやっと血が薄まった気がします。私にもこれだけ分かち合うきょうだいがいれば、これほど自分の子ども時代に縛られることはなかったのかな、と思います」

　外傷的育ちの影響を我が子に受け継ぐまいとしているのは、他ならぬ親自身です。その努力と苦悩を受けとめて、支えることによって、外傷的育ちは再生産されず負の世代間伝達を断ち切ることができます。1人を支えることが同時に2人の救いにつながる、とても大切な仕事なのです。

Key Points

- 外傷的育ちを生きてきたお母さんが乳児に対して思いもよらない恐怖反応を示し、育児を放棄したり感情を高ぶらせたりする、「赤ちゃん部屋のおばけ現象」の本態は投影同一視である。
- 産後うつは通常自然に改善するが、外傷的育ちを生きてきたお母さんの場合子どもが1歳半〜2歳の分離期にかけてうつが悪化する傾向が見られた。子どもに対して分離うつを体験している可能性がある。
- 外傷的育ちを生きてきた女性にとって出産・育児は感情の制御が困難になる時期であり、それを十分に理解したサポートが必要。

第 12 章
教育や支援の現場にメンタライジングを

12.1　メンタライジングを使った心の教育

　今日小中学生で解離症状やリストカットなどの自傷行為，過食嘔吐などの症状を現してしまう子どもは珍しくなく，多くの教育職の皆さんが日々子どもたちの心身のサポートに苦心されています。これらの症状や行動は子どもたちが「心のキャパシティ」の限界を超えてしまったという SOS サインです。SOS をキャッチしてからの対応（心のサポート）も大切ですが，キャパシティを超える前に子ども自身がピンチに対応する力，限界を超える前に SOS を表出できる力を伸ばし，キャパシティ自体を大きくしていく関わりができれば，というのが教育に携わる皆さんの願いではないかと思います。

　ここまでお読みいただいた方は「メンタライズ力の成長を促す関わり」が心のキャパシティを拡げることができることを感じておられると思います。感情を調整する力の大きな部分をメンタライズ力が占めており，また他者と関わる上でメンタライズ力の成長が欠かせないからです。この項では教育現場で実践できるメンタライゼーションを取り入れた「心の教育」をテーマにしたいと思います。経験豊かな教育職の方であれば理論に関係なく実践されている内容ですが，改めてメンタライ

ゼーション理論の視点から振り返る機会にしていただければと思います。第3章で述べたとおり子どもたちに関わる教育者は家族と同様に「養育者」であり，0歳の時から保育園で育つ子どもたちにとっては，ミラーリングの機会は親よりもむしろ保育士の方が多いでしょう。子どもの心の育成において，教育場面におけるメンタライジングを促す関わりが占める割合はとても大きいと思います。

まず，学校におけるメンタライゼーションを例に挙げていきます。

例）クラスで，A君がクラスメイトから叩かれる，という事件が起こりました。あなた（教師）は叩いた子に話を聞きます。
〈どうしていきなりA君を叩いたりしたの？〉
B君はこう答えました。
「だってA君ウォッチマンのカードいっぱい持って来てて，みんなに見せびらかしてて，なんかムカつくし，なんか気がついたら殴ってた！」
あなたはこれにどう返答しますか？
叩くのは悪いことです。しかし，
〈だからと言って，叩いたらダメでしょ〉
と叱ってしまうとB君は萎縮してしまうでしょうし，せっかく「みんなに見せびらかしてて」と思いを言葉にし始めたB君のメンタライズ力成長のチャンスがしぼんでしまいそうです。かといって「叩いてはいけない」という善悪・倫理概念も伝えねばなりません。子どもの教育において，このミラー役と倫理を教える教師役を1人で兼任するのは難しいのです。倫理を教え事態を収拾する役割の教師とは別に，倫理・秩序概念から自由な立場で子どもと話し合い，メンタライジングを引き出すミラー役の先生が必要だと思います。

あなた〈A君が見せびらかしてた時，B君どんな気持ちだったの？〉

第12章　教育や支援の現場にメンタライジングを　　　　221

B君「ぼくもお母さんにカード欲しいって言ったけどダメって言われたし，A君は何でも持ってるのにどうしてぼくはって思ったら……」

あなた〈B君もお母さんに欲しいって言ったけど買ってもらえなかったのね〉

B君「お母さんもがんばって働いてるし，ほんとはそんなこと言ったらダメなんだけど……」

そのように，結論を見越さずにたくさん心の内を言葉にしてもらう機会にできると，本人も叩いてしまったという自分がコントロールできなかった後悔の力も合わさりメンタライズ力と感情調整能力が成長するチャンスに変えていくことができます。

　さて同じ事件で，C君はこう答えました。
　「別に。なんかムカつくし」
　あなたはこれにどう返答しますか？
　この「別に」という言葉，日本だけかと思ったら，イギリスの子どもも同じのようで，最近の子どもは二言目には"Whatever."（どうでも）と言うそうです。
　C君は，「（いつものように）怒られる」と思って緊張し，不貞腐れてもいるでしょう。そのような時にいきなりメンタライジングを促すのは難しいものです。ミラー役の先生は，核心に近づかなくてもとにかく話せる関係を作り，緊張感や防衛を弱める時間をしっかりとります。〈C君もウォッチマンカード好きなの〉〈どのキャラクターが好きなん？〉など，「知ろう・尋ねよう・理解しよう」の姿勢で接します。また，「Not Knowing」は大切なのですが，子どもが何も言うまいと防衛的になっている場合は，次のように多少の自己開示を含めて，すこしメンタライズをして見せる，という方法も有効でしょう。

〈私だったらみんながA君のカードで盛り上がってたらちょっと面白くないかもなぁ〉

　この時に「マーク付き」を忘れず，あまりズバズバと子どもの気持ちを言い当てないようにしましょう。むしろ少しずれていて，「いや，そうじゃなくて……」と子どもが修正したくなるようなミラーリングになるように，一人称で伝えるようにします。また，多動傾向でトラブルの多い子どもなどは，大人との関わりは「怒られる」ばかりで，たまにトラブルのない時期があると大人もやれやれと安堵しほったらかしになってしまいがちです。そのような状況では子どもはミラーリング不足となり，せめて関心を持ってもらえるようにまたトラブルを起こしたり，外傷的育ちの子であれば「ヨソモノ自己」がムクムクと膨らみ自他破壊的な行動につながったりします。「悪いことをした時」だけの関わりにならず，「落ち着いている時」の会話を大切にしましょう。MBTを始める際に共有するキーワードを作るように，落ち着いている時に子どもとの関係やテーマを共有して，それを「ピンチ」の時に拡げていくとうまくいきます。

　第5章で触れたように，親から言葉の暴力を受けて育っている子どもは，心の内に処しきれない「ヨソモノ自己」を抱え，時に自分の弱さに似た部分を持っていると映る同級生にそれを投げ込み，それを「（できの悪い）ヨソモノ自己」そのものと認識し（投影同一視），自分の親が自分に対してするのと同じようにその同級生を攻撃するという形でいじめっ子になることがあります。敵と味方をはっきりと作り集団を形成していじめを行う子どもの背景にも外傷的育ちの影響がある場合があります。そのような子どもにトラブル時・落ち着いている時ともにほどよいミラーリングを続けることは，メンタライズ力を育てるとともに，「基本的信頼感・存在の無条件性」を補っていく意味でも大切な作業です。

　クラスというチームでメンタライズするという方法も有効であると考えられます。アメリカではメンタライゼーションを教育現場に活かす，

第 12 章 教育や支援の現場にメンタライジングを

「平和な学校プロジェクト」が行われ学級トラブルの減少に役立ったと報告されていますが、その取り組みの1つ「10分間学級内省タイム」を紹介します（Glodich, Allen, 2008）。

・毎日の学校の終わりに10分間程度子どもたち同士でその日起こったことを話し合う時間を設けます。この時間はトラブルについて話す時も「誰が悪いか」という裁判にしないという原則を初めに共有しておきます。

・その上で「その時どんな気持ちだった？」「今どんな気持ちか」と、子ども同士でメンタライズし、出来事に関わる子どもたちの心のストーリーを紡いでいきます。トラブルで攻撃した子、攻撃された子、傍観していた子が、それぞれお互いにどんな心の動きのやりとりがあり、ストーリーの結末に至ったかということを探索していきます。

クラスというチームでのメンタライジング作業は、子ども個人の感情調整力を育てるとともに、チームの緊張を下げる方策として有効です（図12.1）。落ち着いている時にこの共同作業に慣れ、いざトラブルによって緊張が高まった場面でもチーム・メンタライジングができるよう

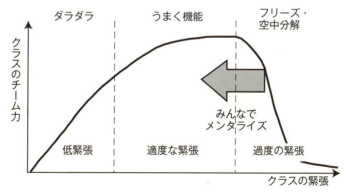

図12.1 『10分間学級内省タイム』によるチーム・メンタライジングが、クラスの緊張を適度に緩和する

になれば子どもたちの大きな成長に繋がります。

　学校は外傷的養育環境のただ中にある子どものシェルターとしての役割もあり，現在進行中の虐待を発見できる場でもあり，先生方の役割は年々重くなる一方です。私はこれまで数多くの教師の皆さんの前でメンタライゼーションのお話をさせていただきましたが，先生方が極めて多忙な今日の学校現場では，新しい取り組みをする時間的余裕がないという厳然たる現実がありました。まず「今どんな気持ち？」「その時どんな気持ちだった？」と子どもたちや自身の感情を言葉にする1つの会話を日々の教育に差し挟むことから始めていただきたいと思います。その一歩先の取り組みを，先生方の残業を増やさずに（過労は教師のメンタライズ力を下げます）広げるためには，「心の教育（育成）」を知育・体育・徳育と並ぶ教育の重要な柱とする視点を教育行政に加えていただく必要がありますし，思春期の心の医療の現場にいて現代の子どもたちと接していると，その必要性は差し迫ったものではないかと日々感じています。

12.2　家族の援助

　外傷的育ちから心の病を呈した人々の家族，親の心理・行動の特徴は千差万別でそれに対する援助も千差万別です。この項で全てを網羅してご紹介することはできませんので，ここでは私が家族（親）援助の基本と考えていることを3点ご紹介させていただきます。現在進行形の虐待の場合に本人の保護を最優先することなどは言うまでもありません。

　・本人に秘密で連絡しない：
　親が「本人に秘密で先生にお話ししたい，お伝えしたいことがある」と関わりを求めてくることがあります。その際には「本人にちゃんとお伝えすることが大切です。ご家族と私が話す内容よりもそのために家族と本人がコミュニケーションを取ることの方が役に立ちます。何でも

オープンにするのが良いですよ」「できればご本人も一緒に話しませんか」とお伝えします。親が主治医と話すというと本人が嫌がるから，荒れるから，という理由をおっしゃる方もいますが，そうであれば余計にしっかり伝える方が良いでしょう。本人の知らないところで本人の主治医に情報を伝えて治療に影響を与えたいというのは，親による他者コントロール行動の側面があります。外傷的育ちをつくる家庭は秘密と囲い込みが多い家庭です。本人の問題や家族の問題を家族で話題にあげられる雰囲気作りがメンタライジングの第一歩です。無論本人の診療情報を本人の知らないところで第三者である家族に開示するのは医療者の守秘義務違反になる，という問題もあります。親・本人合同面談ではまた数々のドラマが繰り広げられますが，まずは親から本人に「私も先生と話をしたい」と伝えることができた，ということが重要な一歩であると思います。

・**親が懺悔するような対応はしない：**

最近でこそ減りましたが，以前は「親がやってきたことが原因なので，親は本人にきちんと謝罪しなさい」と主治医やカウンセラーから助言された，という話をよく聞きました。直接指示しなくても，「親の育て方に原因がある」と伝えれば，親には「謝罪すれば良いのか」という気持ちが湧きます。治療とは別のところで親が反省していることを本人に謝罪するということを否定するわけではありませんが，治療の上で謝罪を促すのは意義が乏しいと私は思っています。本人のための治療を進めるうちに隠れた依存感情の内省とセットで怒りの感情が表出されるのですが，その怒りの感情とその原因にばかり焦点づけていてはその次に向き合うべき「真の分離」に向かっていかないのです。怒りの表出の後に垣間見え始めるひそかな感情に耳を澄ましておくことの方が大切だと思います。

・**子の分離のために親が与えてやれることは何もない（思春期以降）：**

第8章5節（3）で少し触れたように，本人が幼少時に親から受けた

恨みをぶつけ始めてから親が「改心」して180度方向転換し，今度はその償いとばかり本人の100％幻想に応えようと無理な奉仕を続けて丸抱えしようとし，結果的に本人が分離に向かう成長を妨げてしまうこともあります。ことさらに「悪い母親（父親）だった」「私が悪い」という懺悔と後悔に終始する親は，「現在の本人の苦しみ」を直視することを避けているとも言えます。支配的な親は子どもを自立させてやりたいという思いから，あれはどうかこれはどうかと本人に先回りして与えようとしますが，本人はそれを拒否するだけで何も動かないという関係が膠着化します。私は思春期以降も与えることをやめられない親には，すこし刺激的な言い方を使って，「子の分離のために親が与えてやれることは何もありません」と伝えています。するとほとんどの親は「じゃあほっとくしかないんですね」と言います。そう発言する親にとっての養育が，指針を指し示すか，放置・無関心かの二者択一になっていることが浮き彫りになります。そこで，動かず・教示せず・見守るミラー役の姿勢を伝えるのですが，その姿勢は彼らにとっては真新しくも心細い養育態度であり，初めは「そんなこと私が怖くてとてもできません」とギブアップする親もいます。これを習得していただくには，親自身にも定期的な具体的場面についての助言と支持が必要でしょう。できれば本人の治療者と連携を取れる別の治療者が担当して親の援助を行うことが望ましいと思います。

　たくさんの親に出会ってきました。個人的に一番難しいと感じているのは怒鳴り込んでくる親ではなく，子が分離してしまう恐怖や，「わが子を奪われる」という主治医に対するライバル心から巧妙に治療が中断・終了するよう子を操作・コントロールする親です。無論これは第8章5節にあるように分離うつに耐えきれず親子共依存に退行しようとする本人と共同で行われるものではあります。しかし，そのような事態を避け，本人が「安心して治れる・分離できる」ように，私はできるだけ

親にとってもちょっとした援助者であるよう努めています。

12.3 ガイド役自身にメンタライジングを

　若い精神科医や医療者が一生懸命徒手空拳で難しい BPD の治療に取り組もうとする姿，保健や福祉など地域支援の現場で病院や面接室という枠・構造がない中，まさに生活に密着して生きづらさを抱える人々を支えている支援者にはいつも頭が下がる思いです。人生をかけて取り組まなければできないような働きぶりの支援者にも多く出会ってきました。一方で BPD を締め出す技術だけを習得して，マニュアルに沿った紋切り型の対応だけでその人の痛みに向き合おうとしない精神科医・医療者・支援職が多いのも事実です。一生懸命向き合っている支援者が当事者の投影同一視や暴力状態の中で感情的にも巻き込まれ，燃え尽き，傷つき職を離れていくのはあまりに残念です。そのような医療者・支援者こそ生き残り，息長く当事者たちの力になってほしいと願っています。昔から援助職者に AC が多いと言われますが，支援者自身の心の内に容易には触れられない葛藤があり，他者を支援することでそれを代償するかのように仕事に全力を傾けている，ということが数多くあります。当事者の痛みが分かりすぎるために当事者を自分の分身であるかのように同一化してしまっている場合も多いのです。

　その結果，
- 自分の生活や体力的限界を度外視して当事者の 100% 幻想に 100% 応えようとする
- 同一化しすぎるあまり関係が変化する局面で治療者・支援者自身が感情のコントロールが利かなくなってしまう
- 当事者の暴力状態による投影同一視に，治療者・支援者の自責感情がはまり込み，際限のない謝罪と償いの反復にはまり込んでしまう
- 過労を見兼ねて手助けしようとした同僚に「役割を取られる」とい

う思いなどからネガティブな感情で反応してしまう（しがみつき，ワーカホリックの心理）などの事態に陥ってしまうのです。

　これらを防ぐために，まず初めに第10章，7つのコツで支援の弁当箱づくり・コンテイニングの技術を習得してください。その上で，最後に支援者のメンタライジングが重要であるという大切な点をお伝えしたいと思います。

　常日頃から自らの感情をメンタライズする習慣をつけましょう。自分自身の償いの感情，万能感，条件付き自己承認，心の蓋を開けられない憤り。外傷的育ちを生きる人と向き合う時，自分自身のそれらの感情が激しく動きます。難しい局面でこそ当事者の心だけでなく，あなた自身の心に光を当てましょう。そしてあなた自身が誰かにメンタライズされてください。同僚でもスーパーヴァイザーでも，家族でも良いでしょう。あなたが苦しみの中で心を黒い霧に覆われている時，自分ではない他者が自分の心に光を当ててくれようとすること，他者がその心の中に自分の心のジオラマを持ってくれようとしていることを感じ，信じられることがどれだけ大きな支えになるでしょうか。そうしてあなた自身が支えられる体験の中で，それが人を治す力になるということが実感できるのではないでしょうか。そして私がこの現場に携わって20年余り，この人にはとてもかなわないと思う働き人であった先輩や同僚が何人も心の病になりました。自分が壊れてしまう前に弱音を吐き助けを求めること，必要な時には目の前の任務よりあなた自身の心身の休養を優先すること。支援者のセルフメンテナンスは仕事であり責務です。特に働き手の少ないこの現場では大切な責務です。支えを持ち，プロフェッショナルとしての自分を大切にしながら，外傷的育ちに苦しむ人々をガイドするというこの重要な仕事の現場に息長く生き残りましょう。明日外傷的育ちの苦しみに気づくかもしれない人があなたと出会えるように。

第12章 教育や支援の現場にメンタライジングを

> **Key Points**
>
> - 教育現場ではできるかぎり2人以上の「チーム」で担当し，それぞれ善悪・倫理概念を教育する役と，倫理概念から自由な立場でミラーリングできるミラー役を担う。
> - 親が懺悔するような対応は治療的意義が乏しい。
> - 家族からの「本人に秘密で話したい」という申し出は他者コントロール行動。家族が本人とコミュニケーションを取るというプロセスを援助する。
> - 分離を見守れる親であるための援助があることが望ましい。
> - 支援者が当事者の苦悩に同一化し過ぎると，支援者自身の限界を度外視するなどにより燃え尽きる危険が高まる。支援者が自身のメンタライジングを行うこと，また同僚や家族などにメンタライズされることで，セルフメンテナンスを行う必要がある。

手紙

　マユミです[注]。

　崔先生にこのお話を頂いた時,「10年前の私ならどうしたかな?」と考えてみました。まず,間違いなく直ぐに「やります! わかりました!」と言い,寝食忘れて原稿を読み,先生に喜んでもらえそうなことを書き,「さぁ,褒めて下さい」と言わんばかりの勢いで,次の日には原稿を書いて渡していたと思います。そしてその後はモヤモヤして,キーっとなって薬を飲んで寝過ぎて起きられず,仕事を休んだと思います。めちゃくちゃですね。

　でも実際はこうでした。

　事前に連絡を頂き,翌日仕事から帰宅すると原稿が届いていました。私は「今日は時間がないから週末に読もうかなぁ」と,その日は中身と締切の確認だけしました。そして「前のことを思い出すと,しんどくなるかも知れない。その時は先生に話して断ろうかな」「崔先生に頼まれたことはできるだけやりたいなぁ」「でも優先順位を確認して,生活のペースは普段通りでいこう」と考えました。それで週末に原稿を読んだのですが,しんどくならない,むしろスッキリしたのです。

　だから書くことにしました。「自分史を他者に書いてもらう」という貴重な機会に,積極的に参加することにしたのです。

注)『マユミの物語』(第8章,p.113)の主人公,マユミさん(筆名)ご本人から,この本の読者にお手紙をいただきました。

「反応と対応・対処は違うものであり，後者には冷静さと自分の気持ちと考えが入っている。何か起きたとき，まず自分の素直な感情を見つめ，クールダウンしてから3～5つの選択肢を考え（優先順位の再確認），自分のタイミングで行動する。その選択は自分の判断・責任で行う。評価するのは相手の範疇であり踏み込まない」

これを体得するのにとても時間がかかりました。与えられた課題や要求に対して，できるだけ素早く120％に仕上げて相手に返す。この方法に子どもの頃からすっかり慣れていたからです。できるだけ素早くするには，自分の気持ちを考える暇はないのです。相手の希望することを察知し，その場の空気を読んで，相手の期待を上回る成果を返す。その代わり，私は達成感と承認（他者評価）を得ていました。でもすぐモヤモヤします。そしてまた次の課題に取り組む，その繰り返しでした。

このやり方で仕事をすると，どんどん課題が集まってきます。私は看護師なので，普段の業務の他に指導係，○○委員会，勉強会・研修会，研究発表，学会発表等々，いくらでも課題はありました。それらに没頭していると，私の家の中のゴチャゴチャは忘れていられたのです。家の事は絶対に人に言えないが，仕事に関しては誰にも負けない。そう思って一生懸命だったように思います。だから，精神科に通院していること，ましてや休職していることなど親に言えるはずがなく，嘘の勤務表を作って親に渡し，部屋の明かりや外出時間に注意を払い，自分の家にいても安まることはありませんでした。そこまでしてでも「仕事をしている私」が大事だったのです。

家族のことは私にとって弱点でした。両親からの要求は，特に早く片付けて早く忘れたいので即行動。自分が反発することで予想される親の反応・争い・味わう罪悪感・怒り・悲しみは，非常に苦痛で耐えがたいことでした。私がやりたいとかやりたくないとか，そんなことは関係ないのです。私の意見はどうせ採用されないので，いつからか言うのを止め，考えることも止めてしまいました。私はこれを，割り切って行動し

ていると思っていたのです。先生の例えをお借りするなら，自分の気持ちは黒いゴミ袋に入れて固く結び，マンホールに投げ入れて蓋をし，その蓋を全力で押さえながら，誰かと接触する時は「何ともありませんよ」と作り笑いをしていたのです。ゴミ袋の中は，事実・思考・自分の気持ちがごちゃ混ぜに入っていました。妄想も混じっていたと思います。エピソード毎に1つのゴミ袋にまとめて捨てている感じです。だから，解離性健忘で忘れているゴミ袋もあったのです。

　私のこれまでについて話す時，「ノート」の存在は外せません。手元に4冊のノートがあります。1回目の入院から書き始めたもので，調子が良い時悪い時，またふと思い出した時，このノートを見直すと発見があります。このノートにはいろいろなことが詰まっています。治療が始まって思い出したことや考えたこと，入院中に起きた出来事，先生に言われたこと，『アダルトチャイルド物語』の内容のまとめ。退院後も何かあればノートに書き残し，診察の時に必ず持参していました。ノートは，ゴミ袋を開けてもう一度見直す，考え方の癖を修正していった記録です。辛くて苦しい時は，字もグニャグニャで支離滅裂ですが，「私は忘れていたけど，ノートに書いてあった」と役に立つこともありました。ゴミ袋に入れて結んで隠しておくのではなく，ノートの上に集めて広げてみることにしたのです。

　2回目の入院中，いくらノートを書いても，思うように課題が進まないことがありました。すごくイライラして物に八つ当たりしたい気持ちだ，と診察で話すと「ノートは頭で考える作業，これからするのは自分の感情を見つめること。そのリンクがうまくいかない時にイライラしやすい」「パンの種は既にこねてあるので，発酵を心静かに待つように」と崔先生に言われました。
　私は自分の中にある「承認」の引出しには底がない，だから承認欲求

が強いと考えていました。入れても落ちてしまい，貯まっていかないからです。じゃあ底は何でできているのか？と考えたときに，底は健全な自己愛・自己肯定感（自己評価）ではないか，と。さらに「あなたはそのままで（無条件で）生きていて良い」というのは，人が親から最初にもらう「承認」というものであり，それが引出しの底なんだと考えました。そして先生からの質問で，本当は，私が母から「そのままで生きていて良いよ」という言葉を受け取りたかったのだ，と気がついてしまったのです。しかし母は他界しており受け取れない。そこで私はどうするか？　何か方法があるなら知りたい気持ちと，踏み込んで行くのが怖い気持ちがありました。私はその日のノートに「全く予想できない，自分もどうなるか解らない，避けてとおれない道に立ったと思う。愕然としている」と書いていました。その時のことは今でもよく覚えています。

それから「親にしてもらいたかったこと，思っていたけど言えなかったこと」を書き出す作業を始めました。私が初めて過換気発作を起こした，母の連続飲酒の際のエピソードを書いていると，手が震えてきたのですが，安定剤を飲んで最後まで書いたのです。すると，そのとき新たに思い出したことがありました。勿論先生に話すのも初めてです。私が病院の救急室で「お母さんは悪くない，お母さんの気持ちを解ろうとしなかった私が悪いんだ」と泣き叫んでいたことを思い出しました。このエピソードをノートに書いたのは初めてで，その後もイライラしたり悲しくなって泣くこともありましたが，なぜそんな気持ちになったかを見つめ，ノートに集めていきました。

そんな時，以前同じ病室だった女の子が，お母さんと退院の挨拶に来てくれたのです。私は彼女の退院が本当に嬉しかった。そして「ニコニコしている子どもと母親」というのを見て，自分の子ども時代を思い出しました。確かに「お母さんのことが好きな私」がいた，とハッキリ思い出したのです。それから気分も落ちついて，退院につながったと思います。

良いところも悪いところも,どんな私も自分のものとして受け止めること。私は色々なことから作られていて,親とそれにまつわる気持ちだけで形成されているのではないこと。底が無かったり歪んでいても,上に積み上げたものは作り物でないこと。そして何よりも,自分で自分を無視しないこと。あれ？　何だか最後は自分のために書いてる気分になりました。

　私は今,これまでで一番静かで自由な時間を過ごしています。ひとりでは,ここまでたどり着けませんでした。崔先生をはじめ,たくさんの人に助けてもらってできたことです。
　ありがとうございました。

　パンの種の発酵が終わって,焼く準備ができたようです。
　どんなパンができても大丈夫。今はそんな気分です。

あとがき

　2009 年に聖アン病院を訪れ Bateman 先生に出会い，2010 年に 2 つの MBT ワークショップに参加し，Fonagy 先生にも教えを乞う機会を与えられ，自分の中で 1 つになりきれていなかった外傷的育ちと BPD，そしてその治療の本質的な部分が一筋の光でつながりました。その時これを本に記し，できるだけ多くの人に伝えることを決意してから早 6 年が経ちました。

　特に「今年中に書き上げよう」と決意した 2013 年以降は，精神科急性期治療病棟担当医として年間 100 名以上の新入院患者さんを担当し，その治療に日々全力で格闘する中での執筆で，筆は遅々として進みませんでした。半年近く 1 文字も書けずに挫折を覚悟した時もありました。

　その都度筆を進める力をくれたのは当事者との共同作業の体験でした。BPD をはじめ外傷的育ちを生きた人たちの治療は一筋縄ではいかない困難なものですが，彼・彼女らは一度自分の足で勝ち取った「本物の一歩」は，もう二度と後退しないという面があります。本書の内容である分離とメンタライジングを促す関わりが，彼・彼女たちの心に打てば響くように共鳴し，腑に落ちていき，その「一歩」を引き出していく様を何度も目撃したのです。外傷的育ちは一歩ずつ克服していける，そう実感するたびに，何とか最後まで書き上げなければならないという思いを新たにしました。

　私は学問を究めるような人間ではありませんし，診療ではいつも情に流され安請け合いをしては行きづまり，その都度同僚医師や看護師，チームスタッフに助けられてばかりのフツウの精神科医です。そのような一医師がこれだけ大きなものを学ばせていただいたのも，ご指導くだ

さった先生方のお蔭です。新人医師の時から現在まで変わらずご指導くださった私の師であり，本書の推薦のことばをお書きくださった京都府立こども発達支援センターの山下達久先生，長年ご指導くださりロンドン留学にも多大なるご尽力を賜りました京都府立医科大学精神医学教室前教授の福居顯二先生に心より感謝を申し上げます。また本書の執筆にさまざまなご助言をくださった京都府立医科大学精神医学教室思春期・青年期グループの和田良久先生，水原祐起先生，いわくら病院の蓑島豪智先生，佐藤晋一先生，牧野友也先生，出版にあたり色々な相談に乗ってくださった星和書店の石澤社長，岡部さん，鈴木さんに厚く御礼申し上げます。そして，本書に登場してくださった物語の主人公たちを代表し，私のかねてからの夢想に賛同して『手紙』を届けてくださったマユミさん，本の内容を一生懸命理解しながらすべてのイラストを描き上げてくださった若きアーティスト・みたみん，本当にありがとう。

　私が精神科医になって間もなく，私にとってとても大きく，悲しい出来事がありました。その後の数年間は精神科医をやめようという思いを抱きながら，それに反してそれでも勤め続けるのであれば，「自他境界を越えてその人がその内側に抱える苦しみから助け出す」ことができなければ意味がない，という思いに駆られてがむしゃらに働きました。しかしその思いがBPDの人々と良くない化学反応を起こしました。一切反論できない屈服した関係に陥り病棟で翌朝6時まで責められ続け，無理な要求を飲んだこと，玄関前で待ち伏せされたこと，毎晩自宅に数十回かかってくる電話に耐えかねて電話機を布団でぐるぐる巻きにしたこともありました。尊敬する先輩医師の方々に「私にはあの患者の治療は無理です，代わってください」と頼んで回りました。先生方は温かい助言をくれて，お寿司をおごってくれましたが，誰も代わってくれませんでした。ある当直の夜，BPD患者の親から「手が付けられないのでパトカーを呼びました」と電話がかかってきて切れました。ほどなくサイレンが自分に向かって近づいてきて目の前で止まりました。その時，

あとがき

「医者が患者と向き合う時，後ろには誰もいない」ことに気づき覚悟が決まり，それ以降精神科医をやめようと思うことはなくなりました。今はBPDの皆さんが私を医者にしてくれたと思っています。

今でも，誰も入れない自他境界の内側で耐えがたい苦しみにもがいている人の傍にいるのはもどかしく辛いです。でも，その内側には誰も入れないながらも，傍にいて，その人がその苦しみから解放される方策があるということに確信を持っています。本書を読み，実践に活かしてくださった方の心にも，同じ確信が根づく日が訪れれば，著者としてこれ以上の幸せはありません。

最後になりましたが，Bateman先生からいただいた言葉を，次は私からあなたにお伝えします。メンタライゼーションの技術を，あなたが今あなたの現場で実践しているお仕事に加えて活用してください。あなたが本書の中でお読みになったことが，外傷的育ちを生きる人々との日々の関わりに何らかの力になることを願ってやみません。

最後までお読みいただきありがとうございました。

本書に登場するエピソード，物語についてはすべて個人情報保護などのために必要と思われる部分を改変しております。

2016年7月
千年のこころの医療の地，岩倉にて
崔　炯仁

参考文献

A league table of child maltreatment deaths in rich nations; Innocenti Report Card, No.5. Unicef. 2003.

Allen JG, Fonagy P: The Handbook of Mentalization-Based Treatment.Wiley, Chichester, 2006.（狩野力八郎監修, 池田暁史訳：メンタライゼーション・ハンドブック：MBTの基礎と臨床. 岩崎学術出版社, 東京, 2011）

Allen JG, Fonagy P, Bateman A: Mentalizing in Clinical Practice. p.6-7, American Psychiatric Publishing, Washington D.C., 2008.（狩野力八郎監修, 上地雄一郎, 林修ほか訳：メンタライジングの理論と臨床：精神分析・愛着理論・発達精神病理学の統合. 北大路書房, 京都, 2014）

American Psychiatric Association: Diagnostic and Statistical Manual of Mental Disorders, Fifth Edition. American Psychiatric Publishing, Arlington, 2013.（髙橋三郎, 大野 裕監訳. DSM-5 精神疾患の診断・統計マニュアル. 医学書院, 東京, 2014）

Arnsten AF: The biology of being frazzled. Science, 280: 1711-1712, 1998.

Bateman A, Fonagy P: Treatment of Borderline Personality Disorder With Psychoanalytically Oriented Partial Hospitalization: An 18-Month Follow-Up. Am J Psychiatry 158: 36-42, 2001.

Bateman A, Fonagy P: Psychotherapy for Borderline Personality Disorder: Mentalization-Based Treatment. Oxford University Press, New York, 2004.（狩野力八郎, 白波瀬丈一郎監訳：メンタライゼーションと境界パーソナリティ障害：MBTが拓く精神分析的精神療法の新たな展開. 岩崎学術出版社, 東京, 2008）

Bateman A, Fonagy P: Mentalization-based Treatment for Borderline Personality Disorder: A Practical Guide.Oxford University Press, New York, 2006.

Bateman A, Fonagy P: Mentalizing and Borderline Personality Disorder. Journal of Mental Health 16(1): 83-101, 2007.

Bateman A, Fonagy P: 8-year follow-up of patients treated for borderline personality disorder: Mentalization-based treatment versus treatment as usual. Am J Psychiatry 165: 631-638, 2008.

Bateman A, Fonagy P: Randomized Controlled Trial of Outpatient Mentalization-based Treatment Versus Structured Clinical Management for Borderline Personality Disorder. Am J Psychiatry 166: 1355-1364, 2009.

Bateman A, Fonagy P: Handbook of Mentalizing in Mental Health Practice.

American Psychiatric Publishing, Washington D.C., 2011.
Bateman A, Fonagy P: Mentalization-based Treatment for Personality Disorders: A Practical Guide. Oxford University Press, New York, 2016.
Beck, CT: Predictors of postpartum depression: an update. Nurs Res, 50: 275-285, 2001.
Bekkhus M, Rutter M, Barker ED, et al.: The role of pre- and postnatal timing of family risk factors on child behavior at 36 months. J Abnorm Child Psychol, 39: 611-621, 2011.
Black C: It Will Never Happen to Me. Claudja Inc., Laguna Niguel, CA., 1981.(斉藤学監訳：私は親のようにならない．誠信書房，東京，1989)
Brockington IF: Motherhood and Mental Health. Oxford University Press, Oxford, 1996.
Cadzow SP, Armstrong KL, Fraser JA: Stressed parents with infants: reassessing physical abuse risk factors. Child Abuse Negl, 23: 845-853, 1999.
崔 炯仁：4章 世代によるうつ病 3 周産期うつ病・更年期障害．福居顯二，井上和臣，河瀬雅紀編：うつ病 知る 治す 防ぐ．金芳堂，京都，p.43-47, 2009.
崔 炯仁：VII章 嗜癖行動障害 虐待／子ども．福居顯二編：脳とこころのプライマリケア 第8巻 依存．シナジー，東京，p.449-457, 2011.
崔 炯仁：VII章 5 虐待．福居顯二編：専門医のための精神科臨床リュミエール 26. 依存症・衝動制御障害の治療．中山書店，東京，p.218-227, 2011.
崔 炯仁：V 精神保健と法律 1章 精神保健と社会 3. 不登校・引きこもり，DV，児童虐待．福居顯二，谷 直介，井上和臣編：MINOR TEXTBOOK 精神医学 改訂12版．金芳堂，京都，p.349-355, 2013.
崔 炯仁，福居顯二：II章 B-1 うつ病性障害の心身医学．石津 宏編：専門医のための精神科臨床リュミエール 27. 精神科領域から見た心身症．中山書店，東京，p.123-131, 2011.
崔 炯仁，山下達久，和田良久ほか：教本を用いたアダルトチルドレンの精神療法－自己心理学的観点から－．精神科治療学，21(12): 1373-1380, 2006.
Choi H, Yamashita T, Wada Y, et al.: Predictors for exacerbation/improvement of postpartum depression—A focus on anxiety, the mothers' experiences of being cared for by their parents in childhood and borderline personality: A perspective study in Japan. J Affect Dis, 150(2): 507-512. 2013.
Choi H, Yamashita T, Wada Y, et al.: Factors associated with postpartum depression and abusive behavior in mothers with infants. Psychiatry Clin Neurosci, 64: 120-127, 2010.
Chu JA: Ten Traps for Therapists in the Treatment of Trauma Survivors. Dissociation, 1(4): 24-32,1988
Cicchetti D, Curtis WJ: An event-related potential study of the processing of

affective facial expressions in young children who experienced maltreatment during the first year of life. Dev Psychopathol, Summer17(3): 641-677, 2005.

Conte HR, Plutchik R, Karasu, TB, et al.: A self-report Borderline Scale. Discriminative validity and preliminary norms. J Nerv Ment Dis, 168: 428-435, 1980.

Corstorphine E, Waller G, Lawson R, et al.: Trauma and multi-impulsivity in the eating disorders. Eat Behav, 8(1): 23-30, 2007.

Darcy JM, Grzywacz JG, Stephens RL, et al.: Maternal depressive symptomatology: 16-month follow-up of infant and maternal health-related quality of life. J Am Board Fam Med, 24: 249-257, 2011.

Douglas AR: Reported anxieties concerning intimate parenting in women sexually abused as children. Child Abuse Negl, 24: 425-434, 2000.

Egeland B, Sroufe LA: Attachment and early maltreatment. Child Dev, 52: 44-52, 1981.

Fisher J, Cabral de Mello M, Patel V, et al.: Prevalence and determinants of common perinatal mental disorders in women in low- and lower-middle-income countries: a systematic review. Bull World Health Organ, 90: 139G-149G, 2012.

Fraiberg S, Shapiro V, Cherniss D: Treatment modalities. In: Call JD, Galenson E, Tyson RL(eds.). Frontiers of Infant Psychiatry, Vol. 1. Basic Books Inc, New York, p.56-73, 1983.

Fukuda K, Kobayashi S: 1983. Manual of Zung Self-rating Depression Scale Japanese version. Sankeibou, Tokyo, 1983.

Fonagy P, Target M, Gergely G: Attachment and borderline personality disorder: a theory and some evidence. Psychiatr Clin North Am 23:103-122,2000.

Gaynes BN, Gavin N, Meltzer-Brody S, et al: Perinatal depression: prevalence, screening accuracy, and screening outcomes. Evid Rep Technol Assess (Summ), 119: 1-8, 2005.

Glodich A, Allen JG, Fultz J, et al.: School-based psychoeducational groups on trauma designed to decrease reenactment, in Community-Based Clinical Practice. In: Lightburn A, Session P(eds). Oxford Unversity Press, New York, p.349-363, 2006.

Grant MM, Cannistraci C, Hollon SD, et al.: Childhood trauma history differentiates amygdala response to sad faces within MDD. J Psychiatr Res 45: 886-895, 2011.

Herman JL: Trauma And Recovery. Basic Books, New York, 1992.(中井久夫訳：心的外傷と回復. みすず書房, 東京, 1992)

Hidano T, Fukuhara M, Iwasaki M, et al.: New STAI manual State-Trait Anxiety Inventory-Form JYZ. Jitsumu Kyouiku Press, Tokyo, 2000.

Hobson RP: What Puts the Jointness into Joint Attention? In: Eilan N, Hoerl C,

McCormack T, at al(eds.). Joint Attention: Communication and Other Minds. Issues in Philosophy and Psychology. Oxford University Press, 185, 2005.

岩田泰子：児童虐待．松下正明（編）：臨床精神医学講座11．中山書店，東京，p.327-338, 1998.

Jedd K, Hunt RH, Cicchetti D, et al.: Long-term consequences of childhood maltreatment: Altered amygdala functional connectivity. Dev Psychopathol, 27: 1577-1589, 2015.

上地雄一郎：メンタライジング・アプローチ入門―愛着理論を生かす心理療法―．北大路書房，京都，2015．

Kernberg OF: Borderline Conditions and Pathological Narcissis. Jason Aronson, New York, 1975.

Kohut H: The Analyses of The Self. International Universities Press Inc., New York, 1971.(水野信義，笠原嘉監訳：自己の分析．みすず書房，東京，1994)

Kohut H: The Restoration of The Self. International Universities Press Inc., Madison, 1977.(本城秀次，笠原嘉監訳：自己の修復．みすず書房，東京，1995)

Lacey H, Evans D: The impulsivist: a multi-impulsive personality disorder. Br J Addict, 81(5): 641-649, 1986.

Linehan M: Cognitive-Behavioral Treatment of Borderline Personality Disorder. Gulferd Press, New York, 1993.(大野裕監訳．パーソナリティ障害の弁証法的行動療法：DBTによるBPDの治療．誠信書房，東京，2007)

Macfie J, Swan SA: Representations of the caregiver-child relationship and of the self, and emotion regulation in the narratives of young children whose mothers have borderline personality disorder. Dev Psychopathol, 21: 993-1011, 2009.

Machizawa, S: Application of the borderline scale index to Japanese: Establishing the diagnostic validity of borderline personality disorder. Japanese Journal of Psychiatric Treatment, 4: 889-899, 1989.

Mahler MS, Furer M: Certain Aspects of the Separation-Individuation Phase. Psychoanalytic Quarterly, 32: 1-14, 1963.

Masterson JF: Psychotherapry of Borderline Adult .Bristol: Brunner/Mazel, New York, 1976.

Masterson JF: The Narcissistic And Borderline Disorder. Brunner/Mazel Inc, New York,1981.(富山幸佑，尾崎 新訳：自己愛と境界例．星和書店，東京，1990)

Masterson JF: The Personality Disorders: An Update on the Developmental Self and Object Relations Approach to Diagnosis and Treatment. Zeig, Tucker & Theisen, Phoenix, 2000.（佐藤美奈子，成田善弘訳：パーソナリティ障害．星和書店，東京，2007）

McMahon C, Barnett B, Kowalenko N, et al.: Psychological factors associated with persistent postnatal depression: past and current relationships, defence styles and the mediating role of insecure attachment style. J Affect Disord, 84: 15-24, 2005.

Miller WR, Rollnick S: Motivational Interviewing second edition: Preparing People for Change, Guilford Publications Inc, New York, 2002.（松島義博，後藤 恵訳：動機づけ面接法―基礎・実践編．星和書店，東京，2007）

O'hara, MW, Swain AM: Rates and risk of postpartum depression -A meta-analysis. Int Rev Psychiatry, 8: 37-54, 1996.

岡野禎治：妊娠・出産・子育てと心の病気．こころの科学，141: 30-35, 2008.

奥山眞紀子：児童虐待・親の問題．日本医師会雑誌，131: 253-256, 2004

大越 崇：リカバリー日本版　アダルトチャイルド物語．星和書店，東京，1996．

Parker G, Tupling H, Brown LB: A Parental Bonding Instrument. Br. J Med Psychol, 52:1-10, 1979.

Petrosyan D, Armenian HK, Arzoumanian K: Interaction of maternal age and mode of delivery in the development of postpartum depression in Yerevan, Armenia. J Affect Disord, 135: 77-81, 2011.

Rodriguez CM, Green AJ: Parenting stress and anger expression as predictors of child abuse potential. Child Abuse Negl, 21: 367-377, 1997.

Russ E, Heim A, Westen D: Parental bonding and personality pathology assessed by clinician report. J Pers Disord, 17: 522-536, 2003.

Spielberger CD, Gorsuch RL, Lushene RE: Manual for the State-Trait Anxiety Inventory, Palo Alto, Consulting Psychologists Press, 1970.

Stepp SD, Whalen DJ, Pilkonis PA, et al.: Children of mothers with borderline personality disorder: identifying parenting behaviors as potential targets for intervention. Personal Disord, 3: 76-91, 2011.

洲脇 寛：嗜癖精神医学の展開．新興医学出版社，東京，2005．

友田明美：虐待によって脳のどこが傷つくの？ Be! 120号，2015．

遠野なぎこ：一度も愛してくれなかった母へ，一度も愛せなかった男たちへ．ブックマン社，東京，2013．

Verkerk GJ, Denollet J, Van Heck GL, et al.: Personality factors as determinants of depression in postpartum women: a prospective 1-year follow-up study. Psychosom Med, 67: 632-637, 2005.

渡辺久子：母子臨床と世代間伝達．金剛出版，東京，2000．

Webster-Stratton C, Hammond M: Maternal depression and its relationship to life stress, perceptions of child behavior problems, parenting behaviors, and child conduct problems. J Abnorm Child Psychol, 16: 299-315, 1988.

Winnicott DW: 1965. The Family and Individual Development. Tavistock Publications, London, 1965.

Woititz J: Adult Children of Alcoholics. Health Communication,Inc., Deerfield

Beach,F.L., 1981.(斉藤 学監訳：アダルト・チルドレン. 金剛出版, 東京, 1997)
八木こずえ, 鈴木大輔：ボーダーと自閉症スペクトラム障害の2つの特徴を併せ持つ患者の看護. 精神医療, 76: 75-80, 2014.
山下達久, 和田良久, 崔 炯仁：境界性パーソナリティ障害の家族へのアプローチ－病名告知と心理教育的アプローチをめぐって. 牛島定信編：境界性パーソナリティ障害＜日本版治療ガイドライン＞. 金剛出版, 東京, p.173-184, 2008.
Yamashita H, Yoshida K: Screening and intervention for depressive mothers of newborn infants. Seishin Shinkeigaku Zasshi, 105: 1129-1135, 2003.
Ystrom E: 2012. Breastfeeding cessation and symptoms of anxiety and depression: a longitudinal cohort study. BMC Pregnancy Childbirth, 12: 36, 2012.
遊佐安一郎：パーソナリティ障害の心理教育—境界性パーソナリティのための弁証法的行動療法の心理教育的側面—. 臨床精神医学, 39(6): 801-808, 2010.
Zung W: A Self-rating Depression scale. Arch Gen Psychiatry, 12: 63-70, 1965.

［著者について］

崔　炯仁（ちぇ　ひょんいん）
精神科医，医学博士。
1970年，京都市生まれ。1995年，京都府立医科大学医学部卒業。

1995～2004年　京都府立医科大学医学部附属病院，国立舞鶴病院，松下記念病院，海辺の杜ホスピタルに勤務し，精神科医として研鑽を積む。

2004～2010年　京都府立医科大学大学院　精神機能病態学　助教。同大学附属病院精神科病棟医長。2009年，ロンドン大学 St. George 校摂食障害部門留学。留学中に MBT 発祥の地であるロンドン St.Ann Hospital の Halliwick Unit を訪問見学，Anna Freud Centre 主催のワークショップ，'Basic Training in the Mentalization-Based Treatment Approach', 'Mentalization-Based Treatment for Self-Harming Adolescents' に参加した。

2010～2013年　京都府精神保健福祉総合センター主任医師・京都府立医科大学大学院併任講師。2011年東日本大震災に際しては京都府心のケアチームのチームリーダーを務めた。

2013年～現在　いわくら病院。現在急性期治療病棟担当・診療科長。

著書：「周産期うつ病・更年期障害」（金芳堂 刊『うつ病 知る 治す 防ぐ』），「嗜癖行動障害　虐待・子ども」（シナジー 刊『脳とこころのプライマリケア8 依存』），「うつ病性障害の心身医学」（中山書店 刊『精神科臨床リュミエール27 精神科領域から見た心身症』），「不登校・引きこもり，DV，児童虐待」（金芳堂 刊『MINOR TEXTBOOK 精神医学　改訂12版』）（いずれも分担執筆）ほか。2007年，「教本を用いたアダルトチルドレンの精神療法－自己心理学的観点から－」で第3回精神科治療学賞 優秀論文賞受賞。

メンタライゼーションでガイドする外傷的育ちの克服
― 〈心を見わたす心〉と〈自他境界の感覚〉をはぐくむアプローチ ―

2016年11月19日　初版第1刷発行
2019年10月20日　初版第3刷発行

著　者　崔　炯仁
発行者　石澤雄司
発行所　株式会社 星和書店
　　　　〒168-0074　東京都杉並区上高井戸1-2-5
　　　　電話　03（3329）0031（営業部）／03（3329）0033（編集部）
　　　　FAX　03（5374）7186（営業部）／03（5374）7185（編集部）
　　　　http://www.seiwa-pb.co.jp

印刷・製本　中央精版印刷株式会社

ⓒ 2016 崔 炯仁／星和書店　　Printed in Japan　ISBN978-4-7911-0943-2

- 本書に掲載する著作物の複製権・翻訳権・上映権・譲渡権・公衆送信権（送信可能化権を含む）は（株）星和書店が保有します。
- JCOPY 〈（社）出版者著作権管理機構 委託出版物〉
  本書の無断複製は著作権法上での例外を除き禁じられています。複製される場合は、そのつど事前に（社）出版者著作権管理機構（電話 03-3513-6969，FAX 03-3513-6979，e-mail：info@jcopy.or.jp）の許諾を得てください。

境界性パーソナリティ障害 サバイバル・ガイド
BPDとともに生きるうえで知っておくべきこと

アレクサンダー・L・チャップマン、他 著
荒井秀樹 監訳
本多篤、他 訳
四六判　384頁
定価：本体2,400円＋税

境界性パーソナリティ障害 障害最新ガイド
- 治療スタッフと家族のために -

J.G. ガンダーソン、P.D. ホフマン 編
林直樹、佐藤美奈子 訳
四六判　328頁
定価：本体2,600円＋税

境界性パーソナリティ障害をもつ人と良い関係を築くコツ
家族、友人、パートナーのための実践的アドバイス

シャーリ・Y・マニング 著
荒井秀樹 監訳
黒澤麻美 訳
四六判　488頁
定価：本体2,600円＋税

弁証法的行動療法 実践トレーニングブック
自分の感情とよりうまくつきあってゆくために

M.マッケイ、他 著
遊佐安一郎、荒井まゆみ 訳
A5判　436頁
定価：本体3,300円＋税

ここは私の居場所じゃない
境界性人格障害からの回復

R.レイランド 著
遊佐安一郎 監訳
佐藤美奈子、遊佐未弥 訳
四六判　736頁
定価：本体2,800円＋税

発行：星和書店　http://www.seiwa-pb.co.jp